デンマーク人牧師がみた日本

Fra Nutidens Japan

明治の宗教指導者たち

カール・スコウゴー＝ピーターセン 原著
Carl Skovgaard-Petersen

長島要一 訳・編注
Yoichi Nagashima

思文閣出版

C Skovgaard-Petersen

訳者によるまえがき

『北斎漫画』に「群盲象を評す」という図がある。盲人の群れが象の各部に陣取り、それぞれ象というのはこうこうであると評しあう図で、示唆に富んでいる。目が見えない人たちなので、触覚に頼って述べるわけだが、ある者は象とは牙である、と言い、また別の者は、

「群盲象を評す」
葛飾北斎『北斎漫画』８編（1878年）所収

いや、象とは長い鼻である、象とは大きい耳である、木の幹のような脚である、ざらざらの皮膚である、などと言い合うのだが、当然のことながら、ひとりとして象の全体像を把握することはない。一人一人が語っていることは正しいながら、それをただ集めるだけではだめなのである。

およそ異文化理解が問題となる場においては、この「群盲象を評す」と同じ状況が、現代にいたるまでつねに起こっていたのではないだろうか。膨大な情報のネットワークに結びつけられたグローバル社会というが、そこで語ら

れる異文化理解は、どれをとっても実は限定された理解にすぎず、全体が見えていないという点で不足があり、見方自体にバイアスがかかっているという意味で偏見がある。それは、誤解をともなった異文化の「誤訳」なのだ。文化をテキストとみなし、それを互いにどのように読み、訳しているか。そこにはどんな誤訳があるか。その誤訳もしくは誤解は何によって生じたのか。

人はそれぞれ歴史的・文化的に制約を受けており、伝統や宗教、社会や家庭の環境の影響のもとに生活している。それが、異文化に接触した時に、意識的もしくは無意識的に誤解や偏見を生じさせる。われわれには所詮見えるものしか見えず、その限定性が全体の事実関係を歪曲させてしまう。ところが、そうした異文化の「誤訳」も、ひとつの見方であり、個々人にとってはかけがえのない体験、真実として受け取られているのが普通だ。出発点としては、われわれにはそれしかないようなのである。

「誤訳」はいくつ重ねても原作を再現することはできない。けれども、その「できない」ことを知っていれば、人は謙虚になり、互いの「誤訳」を比較検討しようとするだろう。対話の中で「誤解」がどのように育ってきたのかを知り、自文化の実態を客観的に理解することも可能になるだろう。文化の翻訳とは誤訳であり、異文化間の交流とは誤解の応酬であると、いわば開き直る知恵も生まれてくる。

森鷗外の『即興詩人』は、アンデルセンの作品の単なる翻訳ではなく、その背後にあった西洋「文化の翻訳」であり、「誤訳」であった。鷗外は西洋文化の真髄にあったキリスト教を翻訳の過程で濾過して希薄化、ひとつの信仰として抽象的に扱うことで原作の日本化に成功を収め、『即興詩人』は名作の誉れを受けることになった。原作を換骨奪胎し、これを創造的に「誤訳」することによって日本の土壌にうまく育つように工夫をしたわけである。西洋の文化、当時の日本文化の現状の両方を知り抜いていた鷗外だからこそできたことだが、原作はいちじるしく変形され、アンデルセンの原作の姿をほとんどとどめていない。

鷗外は、西洋文化から見たいものだけを取り入れ、同時代の日本人に理解されそうなことだけを選択して「誤訳」していた。日本で受け入れられるのに必要な操作が巧みに行なわれた結果生まれたのが、鷗外の『即興詩人』であった。

それは近代化を性急に推進していた明治という時代の宿命でもあったが、同じような現象がキリスト教受容の場面でも見てとれる。当時、おびただしい数の宗派に分かれていたプロテスタントの教えが、言ってみれば個人伝授のごとくに日本に伝播浸透し、それぞれの信者が理解したキリスト教があった。「群盲象を評す」をふたたび持ち出すまでもなく、個々の信仰者にとって、その体験は真実であり、正しいと思われるものであったが、キリスト教の全体は見えていなかった。文化の翻訳として「誤訳」があり、その結果、奇妙に日本化されたキリスト教が生み出されてしまったのだ。キリスト教を受け入れた明治初期の知識人たちは、これを信仰の対象というよりは、人生哲学、政治哲学であった儒教に代わるものとして受容していたところがあり、宗教の問題である以前に文化現象であったことも、日本独自のキリスト教が生まれ育った背景にあるだろう。

日本におけるキリスト教布教の可能性を探るため、一九一一年に来日したデンマークの聖書学校校長、カール・スコウゴー゠ピーターセンは、通訳をつとめたデンマーク人宣教師とともに各地をめぐり、日本のキリスト者や教育者、市長などと面会し、インタビューを行なった。彼が想像していたようなキリスト者に出会うことはまずなかったが、かわりに、何らかのかたちでキリスト教に関わりをもつ日本の知識人と出会うことになる。相手が無名の外国人だという安心感からか、彼らは思わぬところで素顔を見せ、開けっぴろげに自己とキリスト教と日本について語っている。鷗外の「創造的な誤訳」にも匹敵する内村鑑三の無教会主義については、スコウゴー゠ピーターセンの立場では理解の示しようもなかったのは当然だが、いっぽう、賀川豊彦などのキリスト教精神の実践者たちには、信仰云々を超えたところで共感を覚えている。キリスト教の日本化は、実にさまざまな様相を呈していた。純粋に信仰を求めていた少数のキリスト者ももちろんいたが、彼ら自身も全体が見えていないという意味では「誤訳」をしていたと言えるだろう。

スコウゴー゠ピーターセンの眼に映ったのは、仏教諸宗と神道、民間信仰に交じって活動していた日本人キリスト者たちの姿であり、雑多な諸宗教の混交状態の中にありながらこれといった葛藤や軋轢がなく、信仰というよりは一種の実利主義によって支えられていた日本の宗教界一般のありようだった。

日本のキリスト教は、教義、信仰よりも、むしろキリスト教精神の実践形態として人々に把握されており、宗派間の相違が語られる以前に、個々の教会の活動が重視され、牧師ひとりひとりの人格が核になっていた。非常に日常的で具体的である分、抽象性を欠き、日本では「キリスト教の神」が共有されてはいなかった。焦点が結べていないのである。そのような特質をスコウゴー゠ピーターセンは的確に看破し感得していた。個々の観察において誤解があっても、日本のキリスト教の異質性はきちんとあぶり出していたわけだ。

帰国後、「異教徒」の国で見聞きしたこと、インタビューの内容を一冊にまとめた『現代の日本から』が刊行された。当時の日本の信仰のあり方、もしくはその不在、西洋文化を深いところで支えているキリスト教が、いかに日本化され卓越した「誤訳」をされているか。日本人の眼から見れば、キリスト者のドグマティックな偏見と先入観に満ち、誤解の混じった西欧中心の観察であると思われても、そこには、当時の日本の社会の日常、常態化していて誰も疑問を抱くことのなかった慣習などが、見たままに率直に記されている。日本人の常識的な観点を覆すような記述があちこちに見られ、まさしくもうひとつの、外から見た「他者の視線」が当時の日本を照らし出している。

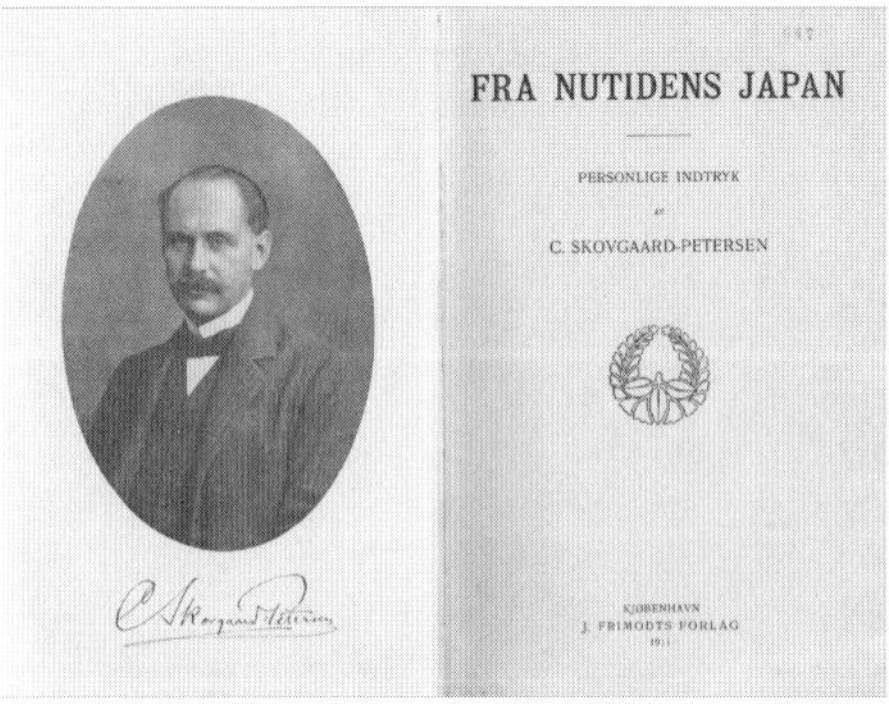

『現代の日本から』(1911年)扉

これを、よくわかっていないでものを言っている、と退けることはたやすい。ところが、そのように言う時、われわれもまた無意識のうちに、偏見から「誤訳」しているのである。唯一真実でありつづける事柄は、およそ文化の領域には存在しない。他者の視線で見られた観察をいかに受容していくか、あるいは受容できるかどうかは、受け入れる側の器量に関わっている。

西洋人の観察の中でしばしば誤解されてきたにもかかわらず、日本、そして日本人は、それに無知のまま、いや無知だからこそ、説明や反論を行なわずにきたとはいえないだろうか。日本で紹介される史料には大国主義による偏向があって、西洋中小諸国の史料の発掘と紹介に対しては差別的な偏見がある。「知られていないから」という理由で、それらの史料を刊行しないという倒錯的な判断がされてきた。さらに、翻訳紹介されている外国の史料から記述内容を恣意的に選択して、それをもとに歴史的状況に応じて「自虐的」になって日本を卑下して語ったり、「自己礼賛的」になって得意がったりする傾向がある。外国人の日本印象記から都合のよいところを抄訳にして日本人の資質を誉め称えて安心しているのは、その顕著な例であろう。原書の総体から部分を切り離して取り上げ、見たいものだけを見ているのである。

スコウゴー＝ピーターセンの『現代の日本から』は、日本の文化や宗教について、予備知識も、比較参照の枠も持たずに「そのままを見て」記述を行なった長所と短所を兼ね備えている。短所は、言うまでもなく無知による誤解と偏見である。長所は、日本人が慣れ切ってしまっていて気がつかなかったことやあえて目を逸らしていたことがらが指摘され、新たな視点が提供されたことである。さらに興味深いのは、何が正しいのかという正解がない、つかみ所のない現実を「そのまま見る」ことの重要性を、一〇〇年以上を経た現在に生きているわれわれに対して、意図せずして訴えかけている点であると思う。

百聞は一見に如かず、とはよく言ったもので、噂や通説で判断するのではなく、「そのままを見る」ことの大切さは、ここ数年世界を震撼させているイスラム教と関連した諸事件を思い起こしてみるとよく分かるのではないか。事件の背景などについてはだれもが物知り顔に説明を試み、当事者のステイトメントとメッセージもメディアにあふれているが、実際どうなっているのかを知るすべは、苦境を訴える叫び声や被害者の姿がたまに流される以外、ほとんど与えられていない。それすらも操作された情報であることが大半である。メディアが送ってくる映像を見て、われわれは知ったつもりになっているだけである。こうしたメカニズムは、一〇〇年前も同じであった。だからこそ、見たまま聞いたままの史料が光ってくる。

西欧人の日本観察の中に無知無責任と思われる解釈が下されていようと、それはそれなりに価値がある。だが、その史料が紹介されない限りは何も進展せず、当事者である日本人が誤解について知らされることはない。そして、誤解を残したまま、歴史は繰り返されていくのである。

情報交換のないところに異文化理解などあり得るわけがないのは容易に理解できるところであるが、情報あるいは観察をそのままひとり歩きさせておくとどうなるか。スコウゴー＝ピーターセンの著書は、規模も視野も狭いながら、反論やコメントを受けていない情報の力というものについて、一考を促さずにはいない。知られていない古い史料だからといって無視するのではなく、史料に内包されている誤解のからくりをひとつずつ読み解いていき、そうすることで異文化理解のリテラシーを養っていく必要があるだろう。

スコウゴー＝ピーターセンの著書に点在する誤解と偏見に対して、その都度解説を加えていくが、それはあくまでも「群盲」のひとりである筆者の解釈に過ぎない。読者諸氏の批判的な読みを促す契機になるよう、願ってやまない。

目次

デンマーク人牧師がみた日本

——明治の宗教指導者たち——

解題

一　『現代の日本から』成立の背景と本書の着眼点

一〇〇年以上も前の話である。日露戦争（一九〇四～〇五）が世界史に歴然と刻印された。東洋の小国が西洋の大国に勝利した事件として記憶された日露戦争、その衝撃は全世界に及び、各地でさまざまな反応を引き起こした。「心情」の東洋の前に「理性」の西洋文明が没落する、といった言説まで飛び出した。

情報の洪水で酸欠気味になっている二一世紀のわれわれには想像しがたくなっていることだが、日露戦争の戦況は、モールス信号の電信で世界に波及していた。戦場には特派員が派遣され、何日も遅れてレポートが写真とともに報道された。ミスインフォメーションも少なくなかった。さまざまな憶測が飛び交い、当事国以外の世界は、はるか彼方の出来事を高みの見物でもするように娯楽がわりにして消費していた。

日露戦争の戦術、戦略、政治的背景が語られて分析され、財政、経済、外交が議論された。当然のことながら戦争では人が死ぬ。機関銃や新式大砲、速射砲などが導入されていたため、戦死者の数は以前とは比較にならないほどに増大した。日露両国の兵士が陸でも海でも命を失っていた。そうした凄惨な事実が明るみに出てくる中で、特に日本の兵士の死に様が注目を浴びた。

忠誠、自己犠牲、潔癖、肉弾、といった言葉が日露戦争を報道する西洋の紙面に頻繁に登場するようになり、それを解説する言辞も出てきたが、戦争進行中には、自己の文化的背景と比較することで判断する以外になかった。なぜ日本人はそんな行動をとるのか。誤解と偏見が広がっていく。けれども個別戦での結果は否定しようがなく、それに驚愕しつつも、最終的に日本がかろうじて勝利を収めた時点で、西洋の好奇心は頂点を極めた。なぜ日本は勝てたのか。

日本の勝因をめぐって、いっせいに議論が始まった。当初はジャーナリスティックな興味だったのが、やがてアカデミックな展開をなしていく。そうした言説のキーワードになったのが「武士道」であり、天皇をからめた「神道」だった。さらに、従来の西洋人による日本関連図書に加えて、英文で書かれた日本人による文献（後述）が別の視点を提供することになった。その結果、焦点が「日本の精神」に合わせられ、英文図書を執筆した日本人がいずれもキリスト者であったために、「日本の宗教」一般に対して関心が集中した。ところが、疑問が解消するどころか、不可解な事象の数が増えていった。

やがて第一次世界大戦を迎えることになるヨーロッパでは、西洋の没落がますます意識され、キリスト教者も危機感を持って打開策を模索していた。そのような背景のもと、プロテスタントの国であり日本にも宣教師を送っていたデンマークは、聖書学校設立にあたって校長を東洋に派遣し、特に日本で詳しく実情調査を行なうことにした。神道だけではなく仏教あり儒教あり、キリスト教もある日本の宗教界の現状を知り、宣教師派遣事業の資料にするのが目的であった。国内での閉塞感を、外国へ向けた使命感によって克服しようとしていた。

一九一一年のことである。

校長の帰国後すぐに日本印象記が発行された。当時の「代表的日本人」をインタビューした記事が中心になっていて、それが実に興味深い。当然のことながら日本のキリスト者を中心に面会しているが、それ以外にも大隈重信などの教育者、東京ならびに大阪市長、キリスト教系の社会事業家も含まれていて、貴重な世相の描写もあり、他の史料には見られない赤裸々な証言もある。

聖書学校の校長カール・スコウゴー＝ピーターセン（一八六六〜一九五五）が日本を訪れて知りたかったのは、まず、日本ではどうして信者が増えないのか、どんな日本人牧師がいて、なぜ宣教師たちとの関係がよくないのか、日本のキリスト者はドイツ系の新神学にどれほど傾倒しているのか、といった点であり、さらに、日本の文化と伝統の中でのキリスト教の位置を実地に確かめ、武士道とキリスト教はどう結びついているのか、という疑問を解く糸口を探ることだった。

本書は、カール・スコウゴー＝ピーターセンの日本印象記『現代の日本から』（一九一一年）を軸に、その記述にコメントを加えながら、当時の日本のキリスト者ら「代表的日本人」たちが見ていた日本の現状を、デンマーク人の視点をプリズムにして再現したものである。デンマーク人牧師と日本人仏僧との間の宗教問答、さらには日本人キリスト者と外国人宣教師との間の葛藤――そこに、当時のみならずおそらく今日でも日本でキリスト教が広まっていない理由を窺うこともできよう。誤解と偏見、そして言語的な壁によって改変と歪曲が加えられた異文化の観察もまたコメントの対象になっている。

巻末の「付録」では、スコウゴー゠ピーターセン（当時四五歳）と彼に同伴したデンマーク人宣教師イェンス・ウィンテル（同二七歳）の二人が体験した日本のキリスト者たちとの出会いが、後年どんな結果をもたらしたか、簡単に素描してある。

結果を知っている現代の視点から物知り顔に過去を取りざたして裁断するのではなく、「同時代」の観点を見直すことにより、現代まで連なっている問題を浮き彫りにし教訓として受け止めることができればと願っている。

二　デンマークにおける日露戦争後の日本観——武士道とキリスト教

デンマークでは、一九〇三年に発行されたヴィルヘルム・ラスムセンの著書『日本』（Vilhelm Rasmussen: *Japan*）により、それまでの日本関連情報が要領よくまとめられて概観できるようになった。日本に対する興味がいっそう高まる気運が訪れたわけだが、その波に乗るようにして、日露戦争が一九〇四年二月に勃発した数日後には、戦争報道のためだけに有力紙『ポリチーケン』*Politiken* が夕刊紙『特別新聞』*Ekstra Bladet* を創刊した。ちなみにこの夕刊は、タブロイド版日刊紙として現在でも発行されている。さらに、週刊の『絵入り新聞』*Illustreret Tidende* が、戦場の模様を伝えるイラスト写真を数多く掲載して情報を提供していた。

また、東洋の戦線から送られてくる電報を読み解き、信憑性を確かめつつ解説する形で小冊子、ブックレットが戦争進行とほぼ同時に刊行され、それが一九〇四年と翌五年にいち早く合冊され図書として発行された。著者は一八八八年から九八年まで、日清戦争時に一時帰国したほかはほぼ一一年を日本で過ごした経験のあるバルタサー・ミュンター（Balthasar Münter, 1837–1912）である。

ミュンターはイギリスのアームストロング社の代理人として、帝国海軍に当時の最新鋭技術を投入して建造された艦船を納入していた「死の商人」であった。日本軍部の要人ほか、イギリス公使アーネスト・サトウ（Ernest Satow, 1843–1929）とも親密な関係にあり、舞台裏で情報提供をしていたと思われる人物であるが、技術畑の専門知識があったため、帝国海軍には重宝されていた（拙著『明治の外国武器商人――帝国海軍を増強したミュンター――』中公新書、一九九五年、電子版、二〇〇七年参照）。

最新鋭艦を調達して帰国したミュンターは、起こるべくして起きた日本とロシアの間の戦争を、日本事情通としてコメントする役割を引き受け、前述の本文が六五〇頁を越え、豊富な写真、地図、表、カラーの錦絵を添えるだけではなく、資料に使った電報を一一六頁も付けた大著『日露戦争』(Balthasar Münter: *Krigen mellem Japan og Rusland*. 1–2. Gyldendal. København, 1904–05)を発行したのだった。戦線からの電報が途絶えがちな時期には、趣味に日本で撮っていた写真を挿入しながら日本紹介もしていたミュンターは、自分が調達にかかわった艦船に言及する時には解説が精密になり、他者の追随を許さない観察をしていた。

たとえば、バルチック海から大西洋を南下し、喜望峰を回りインド洋を越えて東洋に達していたロシア艦隊の動向や装備をつぶさに分析し、黄海、日本海を抜けてウラジオストックまで達するのに必要な石炭を満載していた点に注目、艦隊の速度は新鋭艦の最大速度ではなく一番遅い船の速度であるという卓見を展開し、石炭を積んで艦隊に加わっていた輸送船を見捨てることのできなかったロシア艦隊は、速度がほぼ均一で起動力のあった日本艦隊に太刀打ちできないことを指摘していた。さらに、日露両国がイギリスの造船所からまったく同じ艦船を購入していたこと、けれども日本艦隊は照準器などの性能を高めるなどしてさらに機能力を増加させる工夫をして訓練を充分に行なっていたことを強調し、少なくとも両国の艦隊が激突する海戦においては、日本艦隊が勝利を収めると、事前に宣言していたのだった。日本海海戦がミュンターの予言通りになったことは周知のことである。

日露戦争について語りながらもミュンターは、長年過ごした東京、特に虎ノ門にあった豪邸（現在はホテルオークラになっているあたり）での毎日を懐かしむような筆致で戦争以外のことなども書き残しているのだが、彼の日本と日本人に対する姿勢は終始疑いなく親日だった（拙著『明治の国際人・石井筆子――デンマーク女性ヨハンネ・ミュンターとの交流――』新評論、二〇一四年参照）。マカロフ将軍など、ロシア軍内部にも知人のいたミュンターは、ロシアに対しては好悪の感情を表立って吐露していないが、戦場になった中国となると、アームストロング社の代理人として中国に渡った時に受けた屈辱的な待遇が忘れられなかったようで、中国人嫌いをうまく隠せないでいた。それはともかくデンマークでは、ミュンターの著述をはじめとして、日露戦争に一応勝利した日本に対してかなり好意的な評価がなされていたのである。

けれども、不可解な謎は残った。賞讃の陰に、疑問が多く残されていた。なぜ勝てたのか。正々堂々潔癖に闘い、肉弾になっても忠誠を果たし自己犠牲をいとわずに死んでいった多数の兵士たち、部下をかばいながら先陣を切り、敵弾をもろに受けて戦死していた将校たちの行動に、どうしても腑に落ちない点があった。

新渡戸稲造『武士道』

そうした背景のもとで、新渡戸稲造『武士道』のノルウェー語版（Nitobé Inazo: *Bushido, Japans Sjæl, En Fremstilling af Japansk*

Tænking）が一九〇五年に刊行された。英文で書かれた原著（*Bushido, the Soul of Japan*）は一八九九年刊で、識者たちは読むことのできた文献であるが、これが翻訳されてデンマークでも手頃に読めるようになった意義は大きい。原著の副題「日本の魂」が、さらにかみ砕かれて「日本式思考法の紹介」となっているように、『武士道』を日本人の世界観、死生観に焦点を当てて読み解こうとしていたのである。それこそ時代の要求に応えた読み方であり、そのような需要があったからこその翻訳出版であった。

もともと新渡戸稲造の『武士道』は、英語圏の外国人を対象に書かれたもので、西洋史の流れをレファレンスに使いながらの説明が特徴的である。その序文にもあるように、国際結婚をしていた新渡戸は、妻の質問に答え、日本人としての自らの文化的アイデンティティーを明らかにしようとしていた。おたがいにとっての異文化を理解しようとしていたのである。新渡戸にとっては異文化である西洋のキリスト教とその文化的背景を自分はどう理解していたのか、逆に日本の伝統的文化の真髄であるととらえていた武士道を英語でどう伝えたらよいのか。いずれの方向でも、「文化の翻訳」の問題があった。『武士道』は比較対照を方法論としているため、日本史の文脈での武士道の説明は正確さに欠け、アバウトで通俗的な解釈が紹介されているが、西洋と日本の思考法の間に共通項を見つけて理解の手がかりをつかもうとする姿勢は一貫していて、その点では成果をあげていると言えるだろう。

欧米でしばしば日本の「伝統文化」が口にされる時、それが平安期の王朝文化の流れを汲むものを指して言っているのか、禅宗の影響を受けた室町期の文化のことなのか、それとも江戸の幅広い町人文化を思い描いているのか、その時代的な違いをまったく区別せずに論じている。同様に武士道も、名称も含めて武士の社会的役割が時代とともに変わるにつれて変容していた。荘園の護衛だった武士たちが鎌倉期に政権を取り、主君に忠誠を誓っていた半農民的軍団がやがて室町期にさらに強大となって大名化し、相互に対立して群雄割拠、織豊時代を経てようやく全国が統一されて江戸時代になると、徳川治下の平和な時代が訪れて「武」が「文」に取って代わられ、武士は質的変化を遂げた。新渡戸稲造の『武士道』は、そのような変遷の様相を重視することなく、武士の行動規範の推移を、流動的な歴史的現象としてではなく、あたかも静止した文化的なコードとして扱っているのである。

けれども、こうした批判的な観点も、そもそも日本の歴史を知らない西洋の読者には意味をなさない。彼らは、ひとことで「武士道」とは何なのかを、彼らなりに納得したいのであり、逐語訳ではなく、大まかな意訳でもってひとまず合点がいけば満足なのである。そうした欲求に新渡戸の『武士道』は応えており、それこそ新渡戸の意図していたことだと言える。

新渡戸稲造の『武士道』は、西洋の世界観を論じる際に用いる英語の用語と表現を使って、武士道精神の底に流れる日本の文化的伝統を賞揚した日本文化論であった。西洋の騎士道精神と対比させながら「刀」の意味と「切腹」を取り上げ、武士、侍の特殊な行動を説明してあるのはもちろんのこと、「義」「勇」「仁」「礼」「誠」「名誉」「忠義」などの儒教的な倫理観を体現したキーワードを軸に、武士の品性と克己の精神を紹介して「大和魂」の根本を説いている。女性の理想像まで語られているのだが、新渡戸の『武士道』は、江戸時代までの武士の規範から、その神髄であった精神を汲み取り、その愛国的な忠誠心と名誉心を不滅の教訓として受け取って、近代日本の活動精神と見なそうとするものであった。

立派なマニフェストであり、傾聴すべき観察が豊富な名著であるが、西洋の読み手の側から見た場合、かなり抽象的で理想的すぎるきらいがあった。原著が書かれた一八九九年には未知であった日露戦争における日本兵の行動を西洋の読者はすでに知っており、新渡戸の『武士道』はそれを説明し納得させるには不十分だったのである。

内村鑑三『代表的日本人』

同じキリスト教者内村鑑三は、日露戦争後の一九〇八年に『代表的日本人』*Representative Men of Japan* を英文で発行した。日清戦争時一八九四年刊の『日本及び日本人』*Japan and Japanese* を改稿したものだが、改訂版の一年前である一九〇七年に翻訳刊行されたデンマーク語版は初版からの翻訳で、直訳すれば『古い日本の性格紋様』*Karakterbilleder fra det gamle Japan* というタイトルが付けられ、改訂版『代表的日本人』に近い表題にすでに変更されていた。ちなみに内村の『余は如何にして基督信徒となりし乎』は、すでに一九〇六年にデンマーク語版（*Hvorledes jeg blev en Kristen, Udtog af min Dagbog*）が出版されていた。

著者内村が改訂版『代表的日本人』のはしがきにいみじくも書き記しているように、同書は日本人のすばらしい特性を西洋の読者の前に提示することが目的であり、盲目的な忠誠や、血みどろの愛国心だけが日本人の資質ではないことを強調していた。明らかに日露戦争後の西洋での反応を意識してなされた出版であったことが読み取れる。

しかし、いかに優れた人物だったとは言え、新日本の建設者西郷隆盛、封建領主上杉鷹山《ようざん》、農民聖者二宮尊徳、村の教師中江藤樹、仏僧日蓮の五人は、デンマーク語版の表題が示していたように「古い日本」を代表する日本人たちであり、「新日本」を建設したひとりであった明治時代の西郷隆盛ですら、すでに過去に属し懐古的に語られる日本人になっていたのである。

日露戦争後の日本には、大山巌、東郷平八郎などの軍人をはじめ世界に名を馳せた日本人たちが多数いた。彼ら偉人の文化的ルーツを知ることはできても、内村鑑三の『代表的日本人』からは、日露戦争時の日本兵士の行動パターン、彼らの倫理観、道徳意識などを納得できる形で説明することはなおできないままでいた。選ばれた五人はいずれも「武士道」精神の体現者であり、キリスト教と武士道両者の眼目として愛と義の遂行を見ていた内村の観点は、新渡戸の『武士道』の延長線上に捉えられることになった。

けれども、内村の場合、当初は武士道精神が主でキリスト教が従であった傾向があり、日清戦争を「義戦」としていながらも日露戦争時には「非戦論」を唱え、外国からの影響を退けた独自のキリスト教を主唱したあげくに「無教会主義」に至るなどして、常に独立自尊、自らの信じる道を邁進していた。その立脚地と変貌ぶりが西洋人にはうまく把握できないでいた。

一九〇〇年以来死に至るまでの三〇年間出版された内村の個人誌『聖書之研究』は彼にとって形のない「教会」であったが、そこで行なわれていた「布教活動」は、近代日本にふさわしい武士道精神を復活させるための試みであったと言える。

ずっと後年、一九二八年一〇月になって内村は、『聖書之研究』の中で「武士道とキリスト教」について語り、キリスト教が神の道であるのに対して武士道は人の道である、神の道は完全であって、人の道は不完全である、として両者の主従関係を明確にしているが、それでもなお、武士道が日本人の道であり、日本道徳と見なしてまちがいないと確信していた。武士道は神が日本人に賜った尊い光であり、イエスとその弟子は武士の規範であるとまで言っている。

「正義正道を歩む上において、義務責任を充たす上において、公明正大な点において、弱者を憐れむ事において武士道の命ずる所はキリスト教の教ゆる所と多く異なりません」と断言してもいた。

内村の信仰にとって「無教会」での布教には何らの矛盾もなかったのだが、西洋のキリスト者から見れば、そもそも日本独自のキリスト教を云々すること自体が問題であり、受け入れがたい現象であった。内村の姿勢は終始一貫して変わらず、すでに『代表的日本人』が発行された時点から、デンマークの場合は一九〇七年以降、「日本独自論」を展開するキリスト者として注目され、かつ疑問視されていたのである。

武士道精神をめぐる関心は、やがてデンマークの論壇にも広がり、西洋各国で競うようにして発表されていた「日本論」の渦に巻き込まれていった。日本の成功の鍵を分析しつつ、日本人の死生観が幅広く論じられていたのである。

内村や新渡戸が「愛と義」「愛国心と忠誠」を抽出していた武士道は、言わば古い理想化された観念であり、すでにたびたび指摘してきたように、明治の時代にはそぐわないものであった。現実が空論を斥けていたのである。武士などもはやいない明治時代に語られた武士道は虚構であり、新たな内容を込められて神話化されていった。その裏にあったのが文明開化の推進役、軍国主義であった。

武士という専業特権軍人は、徴兵令が布告され国民皆兵が実施された段階で消滅し、変わって編成されたのが帝国軍隊であった。装備や技術などハードウェアは最新のものを比較的容易に取り入れることができ、扱い方、戦法などのソフトウェアも日本人は器用に吸収してこなしていた。問題は士気であった。闘いに備え、統制のとれた行動をなすべき心構えを徹底できる精神的基盤である。明治政府は一八八二年に『軍人勅諭』を発布し、武士道精神に変わる「軍人精神」を打ち出した。以前の藩の軍団から、国の軍隊への変身を裏付け支える精神の徹底である。多元的な軍団から、一元的で天皇を大元帥として擁した皇軍を統一する「精神」の導入であった。

新渡戸の『武士道』、内村の『代表的日本人』を読んで武士道について説かれてもなおかつ西洋の人びとが腑に落ちなかったのは、日露戦争時の日本兵の行動が、近代軍隊にふさわしく新たに編み出された「軍人精神」に則って展開されていたからであった。いまだに情報不足だったのである。

帝国軍隊内部での上下関係は絶対的なものであり、その頂点に天皇が君臨し、厳格かつ無言の忠誠関係が結ばれていた。「忠」は主従の間に成り立っていた古い武士道の根本概念のひとつで具体的なものだったが、それを天皇と臣従、国民の間の忠誠関係に拡大して抽象化し、武士道の底流にあった大和心を呼び覚まして包み込んだのが軍人精神、明治の武士道であったと言えるだろう。『軍人勅諭』が「忠節」「礼儀」「武勇」「信義」「質素」を謳っていても、新渡戸が『武士道』であげていた要素とは似て非なるものであった。枠組みが変わっていたので当然であるが、軍人精神は、日本が近代国家建設という一大目標を貫徹するための功利主義的な一要素であって、包括的な倫理的、道徳的コードではなかった。軍人精神が国民的に受け入れられ、明治の「大和心」として容認されるためには、一八九〇年の『教育勅語』を待たなければならなかった。国民教育の段階から、軍人精神を無批判に受け入れる準備が行なわれたのである。

かくして日本帝国軍隊は、『軍人勅諭』と『教育勅語』を精神的基盤として日清ならびに日露戦争を勝ち抜き、真正面から世界史に登場し、西洋文明を揺さぶることになった。日清戦争後にはドイツを中心に黄禍論なるものが起こり、日本を初め有色人種の侮蔑がしばらく続いたが、揶揄的で攻撃な論調からは、相手をまだよく知らない者が表面的な情報をもとに声ばかり高くしていたという印象を免れない。無知からくる恐れがあった。ところが日露戦争後は事情が一変した。ヨーロッパ全体を襲っていた政情不安と西欧文明没落の危機感から、日本勝利のノウハウを教訓にし、自らの要塞を堅固にしようという動きが識者たちの間に起こった。単なる驚愕から一歩進んで、その裏にあった警戒心をバネにして、総合的に日本の「精神」を分析しようとする風潮が広がっていたのである。

カール・ラールセン『日本の魂』

時は植民地分割時代である。大陸進出を目指していた後進日本はもちろん、各国が軍備を拡張し、国家的でない国などなかった時代である。当時の西洋の日本「研究」は、アカデミックな装いはしていても、いずれも何らかの形で国家利益を目指すものであった。明治期日本で国家主義者の井上哲次郎が武士道論を盛んに展開して帝国日本のイデオローグになっていたように、デンマークで日本の「軍人精神」に興味をもち、文献を渉猟して日露戦争時の日本兵の行動を分析したカール・ラールセン（Karl Larsen, 1860-1931）も国家主義者であり、軍事国家建設の推進者であった。

一九〇九年刊で翌年に増補改訂版が出された彼の著書『日本の魂』(*Japansk Aand.* Gyldendal. København, 1910)は「大和魂」、「日本の精神」とも訳されるが、日本を語ることで軍事国家を称え、共同体の利益のために組織の一員として身を処すべく国民に規律を教えている日本を賞讃している。カール・ラールセンはさらに軍事的なイデオロギーを拡大し、戦争を生物学上の現象になぞらえて強者の権利を主張し、文化闘争をダーウィンの「適者生存」で語っている。そうした傾向の当然の帰結として、カール・ラールセンは後年、第一次大戦を経てヨーロッパに台頭したナチズムの先棒を担ぐ役割を果たすようになった。

カール・ラールセンの『日本の魂』は、戦後一九〇五年に出版した『肉弾』(英訳*Human Bullets*, 1907. デンマーク語訳は一九一三年刊)が各国語に翻訳されたことで世界的に有名になった桜井忠温《ただよし》(一八七九〜一九六五)の行動に焦点を合わせ、それを多角的に、豊富な資料をもとに執拗と思われるほどに徹底的に言及したものである。「言及」とあえて書いたのは、資料の取扱いが広く浅く、外国語の多数の論考や新聞記事などを随時翻訳紹介しながらコメントを加えていくという方法をとっているために理論的な深みに欠け、分析とは呼び難いからである。

帝国陸軍中尉桜井忠温は松山の歩兵第二十二連隊の旗手として日露戦争に従軍、乃木将軍の配下にあって旅順攻囲戦に参加し、八か所に銃創、三か所を刀傷骨折、さらに右手首を吹き飛ばされるという重傷を負った。極度の重傷のために死体とまちがわれ、火葬場に運搬される際にようやく生存を確かめられたという。「肉(体)」が「(銃)弾」のように惜しみなく浪費された旅順要塞攻撃の激戦は伝説的になっているが、その模様が体験者の目から克明に描写されていて震撼させられる。けれども本書が単なるルポルタージュに留まっていないのは、凄まじい状況下にあっても桜井中尉が部下や戦友たちの安否を心配し、家族のことを思いながら自らの義務を片時も忘れず、犠牲をいとわずに国のために命を捧げる用意のあることを、淡々としかも感動的に語っているからである。

帰国後に左手で書かれた桜井中尉の『肉弾』の英訳を紹介しながらカール・ラールセンは、日本人の死への恐怖を軽蔑する行動を恐る恐る賞讃しつつ、死を喜ぶような心情に留意してみる必要があるとして筆を進めていく。自身のためではなく社会のため国のためという「利他主義」、名誉の自殺である「切腹」、祖国や両親や妻や兄弟たち馬にさえ表される「感謝の念」、階級の上下に関わらずに示される「礼儀」、「名誉心」、自分の武器に対する「愛着心」、『教育勅語』、「武士道」、『軍人勅諭』、ロシア人捕虜の取り扱い、日本人の「清潔感」、日本人の「女性観」、新渡戸稲造の『武士道』、大和魂の「大和」と桜花、ラフカディオ・ハーンの『心』などの項目を、エピソードを交えながら、時には誤解と偏見をあらわにしながら延々と語っている。

カール・ラールセン『日本の魂』の眼目は、日露戦争に勝利した日本の勝因をその精神性に見出し、日本が打ち破ったのは西洋の「精神」であったと主張する点にあった。西洋の現代社会を蝕んでいる病巣として、金銭利益の追求、快楽に弱い点、個人の野放図な虚飾、平等を叫びながら実はそれはいつでも権力志向であることを指摘したあとで、それらが日本人の愛国心や神聖なる名誉心と明らかな対照をなしているとして、西洋文明の堕落を糾弾している。

また、「アジアはひとつ」というスローガンをかかげていた岡倉覚三（天心）の英文著書『東洋の理想』（*The Ideals of the East*, 1903）を取り上げて、アジアにおける日本の位置と役割を検証し、若い日本は経済、軍事、政治の面での発展を通じて「侍の魂」、「日本の魂」を救うべきである。個人の幸福のためではなく、国の名誉のために救うべきであると強調した。

さらに、アメリカで教育を受け、社会民主党（一九〇一年に設立、即日活動禁止）に加わって社会主義を広めた片山潜（一八五九～一九三三）の名まであげて批判し、労働者は労働運動などはせずに日本の企業の発展に寄与すべきで、それが国の名誉になる。そうしないのは反国家的で、大和魂に背くことだとも言い張った。

アルフレッド・ステッド（Alfred Stead, 1877–1933）の『偉大なる日本』（*Great Japan*, 1906）に挙げられていた金子堅太郎の、日本が外国文明と接触した時に通過する三段階、すなわち「模倣」「適用」「開発」に言及し、それが古い日本が新しい日本に生まれ変わっていくパターンであるとした説を紹介した上で、新渡戸が「武士道」を不死鳥にたとえていたように、「日本の魂」も同様に生まれ変わって再生すると確信していた。そして最後に、一八五三年には西洋が日本の門戸を叩いたが、今回日本はどのように西洋の門を叩くのであろうか、と問うている。カール・ラールセンの目には、日露戦争は西洋にとっての黒船だったのである。

カール・ラールセンは、借り物の羽で身を装い、孫引きで『軍人勅諭』を紹介し、明治の「武士道」、近代日本の軍人精神の骨幹を示しながら桜井中尉の行動や思考、その人物を語った。それはそれで説得性のあるものだったが、そこに留まらず、「日本の魂」を過大評価し、西洋文明を糾弾する手段とするまでに至っていた。彼の極度な精神主義には不条理に過激な所があり、論理を欠いて独断的な側面があった。結果論になってしまうが、日露戦争の勝利に酔いしれ、精神主義に溺れて奈落の道を邁進していった帝国軍隊の成り行きを予告するかのような言辞を連ねていたカール・ラールセンは、前述のように、自ら「日本の魂」に基づいた軍事国家建設に貢献することに憧れ、ナチズムに傾倒していったのだった。

それはともあれ、カール・ラールセンがデンマークの読者に、キリスト者によって説かれた古い理想的な武士道ではなく、同時代の生々しく過酷な軍人精神の現実を暴いて見せた点は評価すべきである。彼の西洋文明の退廃ぶりの指摘も、傾聴に値するものであった。そこから新たに、キリスト教の使命を問い、東洋におけるキリスト教宣教の意味を探ろうとするカール・スコウゴー＝ピーターセンが登場することになるからである。

三　カール・スコウゴー＝ピーターセンと日本への視察旅行

デンマーク聖書学校

カール・スコウゴー＝ピーターセン（Carl Skovgaard-Petersen, 1866–1955）は、コペンハーゲン大学神学部卒業後デンマーク各地で牧師を務めていたが、一九一〇年一〇月二八日金曜日、デンマークの福音派と呼べるキリスト者たち（Indre Mission）がコペンハーゲン市内の建物（Bethesda）で午後七時半から開いた会合ににおいて聖書学校開校の決議がなされた際に、校長の職に任命された。当日の議題は次のように説明されていた。
「折からの深刻な情勢を鑑み、牧師たちだけが備えを固めるのではなく、一般の信者たちも、以前に増してキリスト教徒として円熟し自立する」必要がある。そのための手段としてもっとも有効なのが、「聖書を心底から深く理解し、その源泉から巧みに知恵を汲み上げ魂の剣として使う」ことである。「その点でデンマークのキリスト者たちは、あまりにも長い間消極的であった。けれども今日、さまざまな教区においてさらに深く聖書を知ろうという欲求が疑いもなく目覚めてきている。」[*1]
「聖書学校を設立する好機が訪れた」という状況判断のもと、熱心な信者はもとより老いも若きも、「あらためて聖書の永らく忘れられていた宝を学び直そう」という呼びかけがなされたのである。
聖書学校設立の発案は、同年イギリスのエディンバラで開かれた国際会議に出席したウッシン牧師（Henry Ussing, 1855-1943）らが、聖書をより詳しく知りより深く身につける必要を実感したことに端を発していた。開校までの間、校長に任命されたスコウゴー＝ピーターセンがインド、中国、日本への視察旅行にでかけていたために、正式な開校は一九一二年一月一日となり、同校はコペンハーゲン市内のキリスト教青年会本部に設置された。以後スコウゴー＝ピーターセンは一九二九年にロスキレの大執事になるまで聖書学校の校長を務め、かたわら青年向けの啓蒙書など多数の著作を残した。

略歴と著作

一八六六年一〇月六日　コペンハーゲンで商人の子として生まれる
一八八四年　高等学校を卒業するが、在学中に神経衰弱になる
一八九〇年　コペンハーゲン大学神学部を卒業
一八九一年　健康回復のために長期間地中海と黒海で船旅をする
一八九二年　イギリスのコーンウォールに長期滞在して精神の平衡を取り戻す
一八九三年　アルスレウとホストロップの教区牧師となる
一九〇一年　モールムの牧師になる
一九一〇年　ヘンリ・ウッシンがデンマーク聖書学校の設立を発案し、校長にカール・スコウゴー＝ピーターセンが推薦される
一九一一年　校長就任の前にインド、中国、日本のキリスト教会を視察する旅行に出る

一九一二年　デンマーク聖書学校がコペンハーゲンで開校、以後、一七年間にわたりデンマーク各地で講演をし、執筆活動を通じて聖書の普及に努める

一九二九年　ロスキレの大執事となり三六年まで続けるが、聖書学校の活動を続けるとともに、旧約聖書、新約聖書の新訳の事業などに加わる一方、数々の要職に就く

一九五五年　死去

スコウゴー＝ピーターセンにはおびただしい数の著作があり、驚異的な発行部数で広まって外国でも翻訳が出ていた。代表作は、聖書の歴史を扱った三部作『新約聖書はいかに成立したか』（一九二八年）、『千年にわたる聖書』（一九三〇年）、『千か国語の聖書』（一九三五年）で、『諸民族に伝わる永遠の言葉』という共通タイトルがつけられていた。特に第二部に収録されている聖書研究史料が高く評価された。また旅行記として『現代の日本から』（一九一一年）のほかに、『エジプトと聖なる国から送る手紙』（一九二二年）、『泉の湧き出した国』（一九二三〜二四年）などがあるが、彼の著作中でもっとも読まれたのは、一八九九年に出版された『出世しようと思う者にとっての信仰の意味』である。これは一九一四年

に『君は出世したいかね?』と改題されてロングセラーとなった。続いて一九二一年発行の『神とふたりだけで』も広く読まれた。聖書の内容を解説した小冊子類は枚挙にいとまがないが、ほかに聖書中のさまざまな人物の性格描写をした四巻本『人物像――聖書の中の諸性格――』(一九一三~一六年)を出版している。さらに、牧師としての体験を綴った『説教台からの体験』(一九二一年)がある。

スコウゴー＝ピーターセンは、二〇世紀前半の激動期にあって、常にキリスト教の進歩を楽観視していた牧師であり、熱心な聖書の研究家、聖書精神の真摯で献身的な普及家であった。

一九一一年初夏の日本旅行

スコウゴー＝ピーターセンのアジア旅行に関しては、出発日や帰国日、日程その他の記録が残されていない(三四頁参照)。伝記事典などには目的が「インド、中国において新しい教会を実地に見てくること」だったとされており、日本は抜けている。旅行後にスコウゴー＝ピーターセンは『現代の日本から』(*Fra Nutidens Japan*, 1911)を出版したが、これが唯一の記録で、逆に言えば、アジアでは日本での印象が一番強烈であり、かつもっとも学ぶべき点、問題が多かったのが日本だったということであろう。同書中にも少数の例外を除いて日付の記載がないが、記述の内容から日本を訪れたのは初夏からひと月あまり、盛夏の八月に太平洋を船で渡って帰国したようである。その間に原稿を書き、同じ一九一一年中に上梓している。

日本での視察旅行、日本人たちとのインタビューは、同じデンマーク人で日本に長年滞在していた宣教師イェンス・ウィンテル（Jens Winther, 1874–1970）の通訳と解説がなければ不可能であった。ウィンテル自身も、スコウゴー゠ピーターセンに同行したことで日本の宗教界を観察する機会を得ることができ、その結果を英文で小冊子にして日本で発行している。これについては別に触れる。

スコウゴー゠ピーターセンの『現代の日本から』を紹介する前に、彼にとっては同時代であった日本の一九一一年がどんな年であったかを、年表を繙いて見ておくことにしよう（『新聞集成　明治編年史　明治四十四年』一九三四年〈一九六五年再版〉。歴史学研究会編『日本史年表』岩波書店、一九七三年〈一九六六年初版〉。神田文人・小林英夫編『決定版二〇世紀年表』小学館、二〇〇一年ほかを参照）。

一月　　大相撲新番付で東の横綱が常陸山、西が梅ヶ谷だったが、紛擾があって初日が延期になった上、四日目までしか続かなかった。

前年の大逆事件の判決が下り、幸徳秋水らの死刑が執行された。

二月　貧民済生に関する勅語発布。内廷費一五〇万円が下賜される。

南禅寺管長勝峰大徹禅師が永眠。

文部省が野口英世（医学）、佐佐木信綱（文学）、幸田露伴（文学）らに学位を授与。夏目漱石は返上した。

所沢飛行場が完成。

日米通商航海条約が改正になり、日本は関税自主権を回復。以後各国と同様の改正条約を結ぶ。

三月　帝国劇場開場。

大戦艦「摂津」進水。

工場法公布。

東京京橋にカフェ・プランタン、銀座にカフェ・ライオンがオープン。

四月　東京の日本橋が石造塔橋として開通。

吉原遊郭出火、全滅する。

五月　廃娼大演説会に矢嶋楫子、山室軍平出席。

大隈重信主宰の総合雑誌『新日本』創刊。

中央線が開通。

真宗正閏問題で両本願寺紛擾（大谷派が大遠忌に際して「真宗本廟」という大額を山門上に掲げたため）。


六月　上野公園へカバが入園。

文部省により文芸委員会発足。

関東・東北で大降雹、被害甚大。


七月　日本基督教会、朝鮮人の教化と日本国民化を目指し伝道に着手。

第三回日英同盟協約調印。

ドイツ軍艦による第二次モロッコ事件。

一九一二年の第五回ストックホルムオリンピックを目指し、大日本体育協会発足。

東京で米の値段暴騰。

八月　桂太郎内閣総辞職、第二次西園寺公望内閣成立。
警視庁が特別高等課（特高）を設置。

九月　リビアのトリポリをめぐり、イタリアとトルコの間で戦争。

雑誌『青鞜』創刊。

明治学院失火、ヘボン館を焼失。

文芸協会がイプセンの戯曲『人形の家』を公演。

ヘボン博士逝去。

大谷大学開校。

一〇月　中国で辛亥革命が起こる。

一一月　歌舞伎座改装。

バラ宣教師、在日五〇年。横浜山下町海岸教会で宣教。門弟に井深梶之助、本多庸一ほか。

東京市が浅草職業紹介所ならびに芝職業紹介所を設立。

一二月　片山潜が指導して東京市電がストライキ。

イギリスが東西ベンガルを再併合し、首都をカルカッタからデリーに移す。

ノルウェーのアムンゼン隊が南極点到達。

なおこの年の日本の人口約五二〇〇万人、同年に西田幾多郎が『善の研究』を刊行し、森鷗外は『青年』を雑誌『スバル』に連載していた。

＊1 Indkaldelse til et møde i Bethesda Fredag d. 28. Oktober vedr. Bibelskole for den danske Menighed（「デンマークの信者のための聖書学校」に関する会合への召喚状。於ベテスダ、二八日金曜日）を参照。

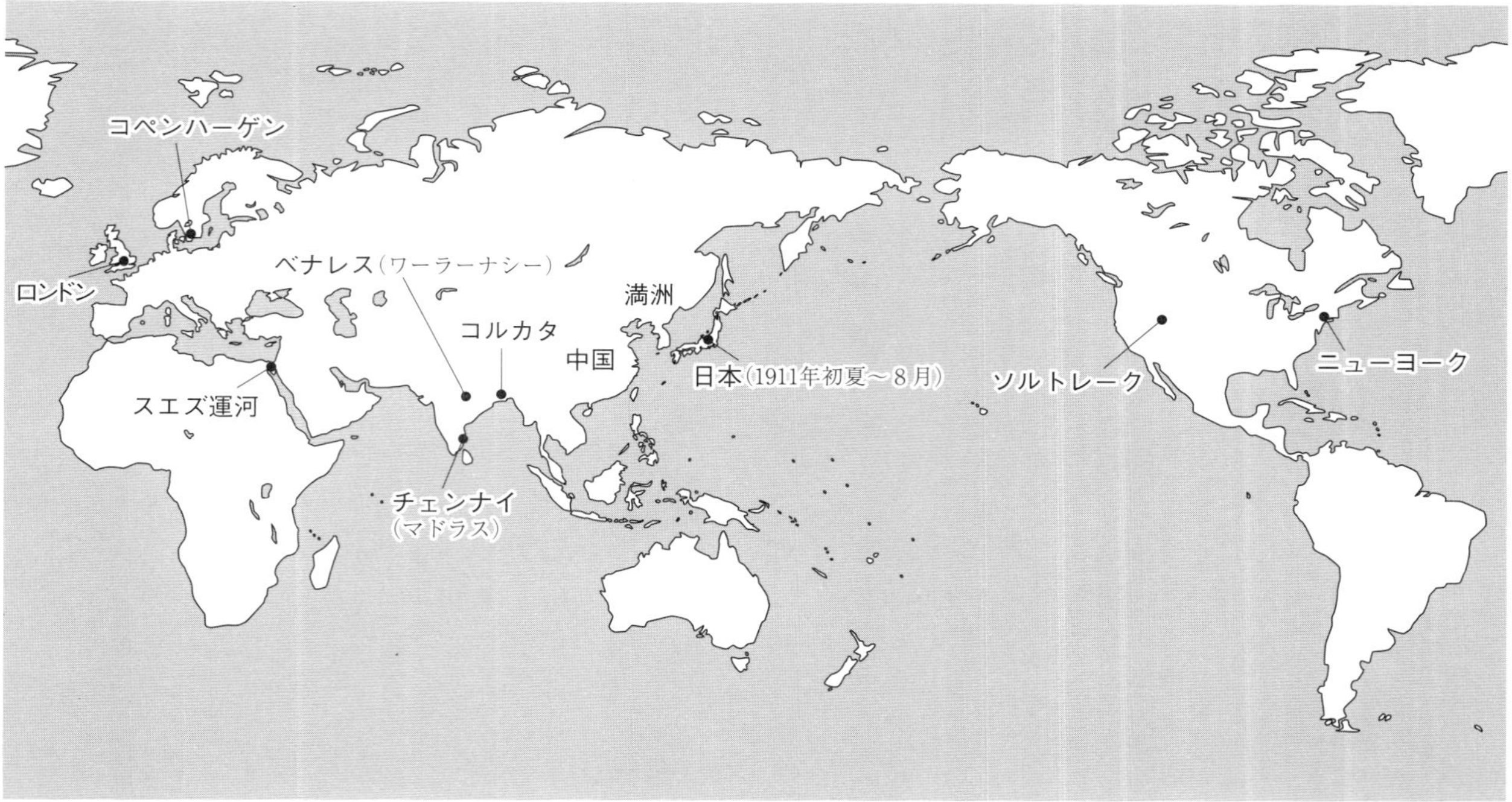

スコウゴー=ピーターセン世界旅行の滞在地（滞在日程は不明）

カール・スコウゴー＝ピーターセン『現代の日本から——個人的な印象——』

原著の特徴と構成について訳者から

日本の宗教に関する従来の史料と違い、インタビューに基づいて記述されている『現代の日本から』は、日本の文化ならびに宗教全体を概観したり個々の宗派の教義を詳しく説明したりすることはしていない。ごく簡単に特徴をとらえているだけである。その分、インタビューの相手の日本人を観察する目は鋭く、短時間の出会いであったにも関わらず、人物像を生き生きと描き出している。これは類書にはない貴重な証言となっている。また、英語の通訳を介して行なわれたインタビューであったため、正確にお互いの意志を通じ合えていなかった側面があったかと思われる反面、語彙と表現が限定されていた分、かえって核心を突き、黒白を鮮明にした洞察がなされていたとも考えられる。

原著は、平坦な国デンマークから来たスコウゴー＝ピーターセンが、山のある日本の自然に送った讃歌「I　山並みを越えて」から始まり、仏教、神道の寺社類の訪問記を綴った「II　寺社と祭り」の章が続く。配列は必ずしも行程順ではない。主要部分である「III　指導者たちとその性格」は、日本のキリスト者たちとその周辺部分で活躍していた人たちの人物像をインタビューに基づいて繰り広げたもので、ユニークな記述になっている。これも、行程、日程とは無関係で、何が配列の基準となっていたかは不明である。その後で、日本訪問の成果が「IV

訪問の成果――三つの共通点――」で総括されている。「宣教」事業一般について述べられている部分は、特に日本のことには触れていないので本書では省略したが、帰国後に提出されたはずの報告書の一部かと思われる。「三つの共通点」は、日本で出会った指導者たちに見られた共通点について書かれたものである。続いてスコウゴー＝ピーターセンの目から見た「V日本人の特徴」が概観され、最後に原著では「[日本におけるキリスト教]受難の歴史」がごくかいつまんで素描されているが、日本の読者には周知の事柄の羅列なので、この部分は本書では割愛してある。

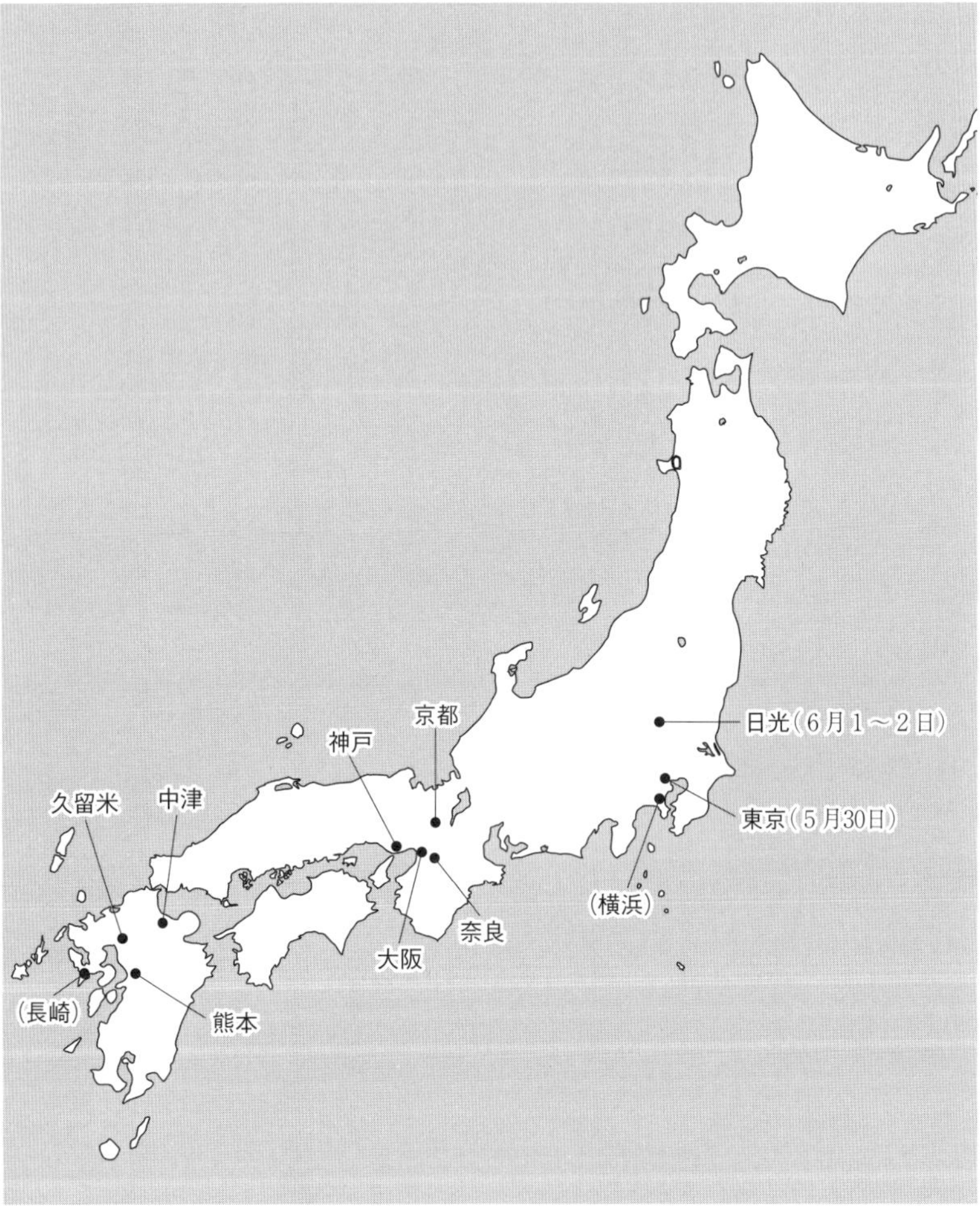

スコウゴー=ピーターセン日本での滞在地

確定できる滞在日時は（　）内に示した。

また、明記はないものの、確実に訪れたであろう地名も（　）内に示した。

凡例

・原著のⅡには訪問地名しか記されていないが、読者の便宜のため、寺社等訪問先の名前を括弧の中に補足してある。

・原著のⅢの各項タイトルには指導者たちの名前だけが記されているが、これも読者の便宜のため、インタビュイー各人についての紹介を付してある。

・本書の趣旨とは外れている記述は割愛してある。

・本文中の（　）はカール・スコウゴー＝ピーターセンによる注である。訳注は〔　〕で示したが、長い訳注は、各項の後においてある。

・挿図は、原著に掲載されていたものと、訳者が補ったものがある。原著から転載した挿図には訳者がキャプションを付し《　》でくくった。

序

私が校長となって開設される聖書学校の理事会からの要請と助成に応じ、本年ほぼ一年にわたって世界一周の旅をしてインド、中国、満州、朝鮮、日本、アメリカを訪問した。各方面からまとまった旅行記を刊行するように勧められたが、それは私にとっても読者にとっても、規模も負担も大きすぎるように思われるので、日本の印象だけを以下に綴って発行することにした。けれども、「訪問の成果」の章では、ほかの国々を旅した体験も折にふれて利用してある。

諸国の中から特に日本を選んで語るのは、デンマークの日刊紙に日本から送った手紙が間に合わなかったためと、今回の旅行の本来の目的、すなわち宣教先の国々の代表的な人物ならびに住民に直接会い、各国の状況に対する個人的な印象をまとめて今後の仕事への糧とする、という目的を達するのに必要な助力を、ほかならぬ日本で受けることができたからであるる。

そんなに長く旅をして回らなくとも、施設を見るだけではなんの足しにもならないことが、じきに分かるようになる。それに反し、人と会うことはいつでも利益になる。けれども、そのためには信用ができて知的な通訳を必要とする。通訳なしには得ることが少ない。当然のことだが、東洋人のほとんどは西洋語で会話をすることができないからである。そんなすばらしい通訳に私は運よく日本で出会った。アメリカから派遣されていたデンマーク人宣教師イェンス・ウィンテルで、熊本の牧師学校で教師をしていた。ウィンテル宣教師は長期間にわたり私といっしょに旅行をしてくれた。彼の日本の精神生活に関するしっかりした理解とすぐれた言語能力のおかげで、私の日本滞在は豊かな収穫をあげることができた。*1 彼と、私を暖かく迎えて下さった「日本の」皆さんに、心より御礼申し上げます。

以下の原稿は、まだ印象が新鮮なうちに、太平洋横断中に書かれたものである。それは「印象」であり、それ以外ではない。「関連文献」のすべてを漁ったわけではない。私ははっきりとした目的意識のもとに旅をしたのであり、目を大きく見開きつつ、進んで理解しようとつとめてきた。多少の予備知識が武器のすべてだった。けれども、私の見聞向上はそれで充分だったことがやがて知れた。その収穫の一部でも読者に伝える能力があることを、祈るばかりである。

一九一一年八月

カール・スコウゴー＝ピーターセン

＊1

カール・スコウゴー＝ピーターセンの帰国後にしたためられた一九一一年九月四日付の書簡を含むイェンス・ウィンテルの書簡が、神戸ルーテル神学校に保管されている。『現代の日本から』を読んだウィンテルは何ページの何行目、と細かく指し示してコメントをしているが、原稿のページ数であるため、刊行された『現代の日本から』との比較を多少困難にしている。ウィンテルのコメントに基づいてスコウゴー＝ピーターセンがどれほど修正もしくは削除を行なったかも不分明であるが、以下、ウィンテルの指摘のいくつかを拾って、随時に注として付すことにする。ウィンテルの理解の深さが知れるとともに、スコウゴー＝ピーターセンが何をどう誤解していたかがわかって興味がわくからでもある。

Ⅰ　山並みを越えて

もしも詩人であったなら、私はこの本を、日本の山々を称える歌を捧げて始めるだろう。日本の山は日本そのものである。日本の七分の六が山で、日本の山は格別である。

日本の山は素敵だ。

スイスのアルプスのように白く威風堂々として天を目指してはいない。ノルウェーのフィヨルドのように荒々しく切断されていない。肩幅が広くがっしり重いロッキー山脈の岩の塊のようでもない。ギリシャの群島で紺碧の空の輝く光の中にさらけ出されている裸の岩のようでもない。コーカサス山脈の、翼を広げた猛禽の鳥の群れが空を切って飛び交っているような絶妙さもない。太平洋のハワイの山のように、太陽と霧と虹のキラキラが入れ替わりに変化する影絵を見せてくれることもない。アデンの溶岩の塊のように絶望的に荒涼としてもいなければ、熱帯のセイロンの生い茂ったヤシの丘陵のようでも、火山の魔法がかけられたおとぎの国のようなイエローストーンのすばらしい山々のようでもない。

日本の山は格別である。柔らかく、田園風で、豊かな森におおわれてほほえんでいる。そう言うとデンマークの丘に似ているようだが、もうまったく別物である。丘ではなく、山なのだ。樺の木ではなく、無数の花々や灌木類、さまざまな木々におおわれているのだ。葉っぱの種類と色彩の多様性こそが日本の山を特徴付けているのである。

私は野生の桜が花咲く早春の日本の山を見なかった。多種多様な木々がそれぞれ茶色や黄、黄金色の衣装をまとう落葉の時期の山々も見ていない。けれども、炎のように真っ赤なツツジが満開の時の山を見た。それより美しいものを願うことなどできないほど美しかった。

繁茂する森におおわれた斜面は光り輝く緑色で、芽を出したばかりのデンマークの樺の木のようだった。王のように背筋のしゃきっとした杉の木、軽やかで優美な竹、樫の木、楓、桜の木や栗の木が複雑無数に交じりあっている。こうした生き生きとした緑のところどころに、見事に大きな花弁の真っ赤なツツジ、青い藤や白い卯木《うつぎ》の灌木が点在している。われわれの歩いた道は、散った花びらでほぼ埋まっていた。地面が見えないほどだった。垂直の崖にさえ、緑のビロードのような苔やシダ、蔓草類が貼り付いていた。

端正な寺社が、近づきがたい突端に建っている。木々の間から、特徴のある優美な和風の屋根が並ぶ山の村がのぞいている。杭のまわりに、細い麦束が並んで立てかけてある。[*1] 米の籾《もみ》を取る水車が、水しぶきを上げる流れで回っている。灌木からはヒバリがさえずってくる。広く口を開けた谷間では、小さな鳥が大胆にツバメ返しを打っている。

このような山の間で生きている人びとが、山に結びつけられ山の刻印を受け、その祖国愛が熱情になり、性格が美的になるのが、実によく理解できるのである。

神がこの人びとにありとあらゆる救済の恵みとともに祝福を与えられんことを！

「神よ、汝の王国を日本の山々に！」

＊1　スコウゴー＝ピーターセンの原稿には「稲束」とあったようだが、それは秋の風物であるから、初夏に見たのは「麦束」であったとウィンテルはコメントをし、スコウゴー＝ピーターセンはそれに従って修正している。

Ⅱ　寺社と祭り

日本にはおどろくほどたくさんの寺社がある。小屋とか安普請のものではなく、大きくて美しく高価な寺社である。その点で日本は、東洋のほかの国々と興味深い対照をなしている。

朝鮮ではほとんど寺社を目にすることがない。都市部にいくつか、悪霊祓いを祈る小さく貧相なものがあるだけである。中国では寺社は概して落ち目にあり、大部分が埃にまみれて汚く、手入れも行き届かぬまま人もいない。その多くが次第にほかの目的に使われるようになり、警察署や学校、工場や個人の住宅になっている。インドでは寺院は十分にある。人びともたくさん寺院にいて、乞食も同様に大勢いる。けれども北インドの寺院はたいていが小規模で汚れている。埃をかぶっているのではなく、ぞくぞくと訪れる人の波によってだ。寺院の町ベナレス［ワーラーナシー、ガンジス川に位置したヒンドゥー教の一大聖地］でも、美しい寺院と呼べるものはひとつもない。南インドの寺院は通常大きくて見事だが、その状態と様式に関しては、日本の寺社のように洗練されているとは言えない。南インドの寺院は空想的でお伽話のようであるのに対し、日本の寺院は趣が抑制され、繊細で完璧である。インドの寺院は、聖なる池と忌まわしい乞食たちの二点で際立っているが、そうしたものは日本では稀にしか目にしない。

日本の寺社には、芸術品や宝物など、価値あるものがおびただしく秘められている。けれども死んだ美術館になっているわけでは決してなく、現在でも民衆生活の生きた一環になっている。日本の寺社には人間がいて、祭りが行なわれている。宗教的側面から日本の生活を知ろうと思うなら、寺社こそ格好の場所である。以下、そのいくつかを訪れた私の体験を記しておく。

熊本（本妙寺）

私が日本で訪れた大きな寺のひとつが熊本の本妙寺である。日蓮宗の寺で、加藤清正が仏の化身として崇められている。*1

加藤清正は日本の国民的英雄で、一六〇九［一六一一］年に亡くなっている。熊本の武家領主家系の始祖で、朝鮮を征服し、［当時は］カトリックだったキリスト教の忌々しい敵だった。

本妙寺に向かう途中、私は不運にも乗っていた自転車で、気の毒な盲目でライ病の乞食に突き当たってしまった。いきなり道の反対側から飛び出してきたので、本人のせいだったのだが、目が見えないのだから仕方なかった。ひどく埃だらけになったものの、怪我もなく無事だった。われわれは仲直りをしていっしょに自転車をおしていった。本妙寺の周辺はライ病患者であふれていたが、それはライ病に効能のあるお寺と見なされていたからだった。年に二万から三万のライ病患者がやってくるということである。

お寺に上っていく道は雄大で、広い道の両側に小さなお寺がたくさんあった。そこからさらに長い階段が延び、途中の平面には聖なる石のランプ（灯籠）があって中心の寺に続いている。

道の脇の寺のひとつでは、男が膝をついて「南無妙法蓮華経」と、同じ言葉を延々と唱えて祈っていた。救済を確かに得るためには、その言葉を一生のうちに一〇万回ほど繰り返して祈らなければならない。男は同時に数珠の玉をこすりあわせていたので、その音も耳に届いてくる。そうして神たちの注意を促さなければならないからだろう。

《本妙寺入り口》

もうひとつ別の寺の入り口には、次のような驚くべき言葉が記してあった。「牛頭の天王の霊に捧ぐ。腰より下の病除けのお守りをここで手に入れることができます。」[*2]

長い階段を上っていくと、僧侶に出会った。後で分かったことだが、お寺の筆頭僧侶だった。[*3]無帽で髪はごく短く刈ってあり、輝く白い綿の外套を着ており、左の肩には、金糸の刺繡の入った幅広い赤い絹の帯を掛けていた。足は白い足袋で草履を履いていた。私は通訳を通して、階段際に何百もかかっている白い旗は何を意味するのか、聞いてみた。白い旗は「感謝の旗」ということで、それがきっかけで僧侶と話をすることができた。快く迎えてくれ、われわれ同様に本堂へ行くところだったので、いっしょについていけばすべてを見せてくれると言ってくれた。もちろんお礼を言ってついていった。中庭に着くと僧侶は、横の建物の僧坊にわれわれを引き入れた。日本式に靴を脱ぎ、靴下で、天井の低い心地よい畳の部屋に入った。壁の一方が引き戸になっていたが、今それが開け放してあり、春の淡い緑の木々の向こうに、ほほえむような谷間が見渡せた。小使いの者が床に座布団を整え、われわれはそこに座った。私は部屋の周囲を見てみた。奥まったところに、灯籠の形をした美しい陶器の花瓶がふたつおいてあった。その間には新鮮なアヤメの花束。僧侶の前には長方形の火鉢がおかれ、湯沸かしがのせてあった。小使いが、横長の金属の皿にのせられた小さな茶碗を運んできた。紙のナフキン［半紙］がのった漆塗りの小さなお盆には、大きな板のような色のついた砂糖菓子がおかれている。その間にも話は盛んに続けられていた。

僧侶がその寺へ来たのは一〇年前で、その後しばらくして勉学のためにニューヨークへ行き、アメリカで五～六年過ごしてからまたそこへ戻ってきて住職になった。名刺には「Superior of Hommyoji」と書いてある［三四代住職金崎恵厚］。

なぜ日蓮宗（日蓮は日本仏教のルターで、改革者）に加わったのかという私の質問に対して、彼は、キリスト教も四〇以上の仏教の宗派も学んだ末に、日蓮の教えが「全世界でもっとも純粋でもっとも正しい」教えであることを発見した、と答えた。けれども彼は折衷主義者で、すべての宗教が融合するのが最善であり、それを目指して努力しているということだった。昨年［一九一〇年］日本が韓国を併合した折に彼は熊本の劇場で祭典を催し、仏教徒とキリスト教徒が共に語り合い、日本が韓国を正しく統治する知恵を神に乞う場を作った。[*4]

それから彼はお寺を案内してくれた。そして、「もっとも神聖な場所」に入った。祭壇は幕によってさえぎられていたのだが、僧侶の要請で小使いによって幕は引き上げられた。すると加藤清正の金色に塗られた像が見えた。ちなみにそこには例によって灯明やら線香の鉢、サンスクリット語の本［経本］、木魚など、毎朝五時と夕方六時に行なわれる読経に必要な品々がたくさんあった。横の建物では荒々しく木魚が叩かれ、お経が読まれていた。突き出た寺の屋根の下には、寺の支持者たちが感謝の気持ちから贈った絵が掛けてあった。その大部分はまさしく安物で、古風で荘重な周囲の中で異様に映っていた。たとえばサンフランシスコの地震を描いた色付きの石版刷りが二、三枚。それがなぜそこになければならないのか、分からなかった。お寺に恩を受けたと思ったほかの信者たちは、聖なる銘を書き入れた大きな白い旗を献納していた。それがいくつか、高い竹竿に付けられて寺の中庭でたなびいていた。

僧侶に連れられて長い階段を下り、加藤清正の生涯と功績に関わるすべてのものが貯蔵されている博物館へ行った。そこには彼の武器、甲冑、弓、箙《えびら》、書机、茶器、仏像、「福の神」、鬼面、彼がよく戦の時にかぶっていった聖なる文字が書き込まれた大きな紙の兜、等々ありとあらゆるものがあった。けれどもいちばん驚かされたのは、三〇〇年前のインド、中国、日本を描いた地図だった。日本はわざと小さく、誤った場所に描かれていたが、「万が一地図が敵の手にわたった時に、敵を欺く」ためだったと言う。そして一九〇九年の、現在の天皇自らが書かれた手紙。加藤清正の死後三〇〇年の日に、彼の魂は勲三等に祭り上げられた。幸せな魂である。

博物館から今度は筆頭僧侶の個人宅に招じ入れられた。かなり大きな部屋に入ると、そこは手前半分が椅子と机のある洋風で、奥の方が純和風になっていた。加藤清正の系図、白い陶器の目がはめ込んである金属の獅子、床にはとても大きな陶器の花瓶がふたつ、ガラス張りのケースの中には松の木がおかれ、それに剥製の鳥がたくさん止まっていた。玄関の天井からは木魚と古い鐘が吊るされていた。ここでもまたお茶が出され、今度はお菓子が六角形の脚付きのお盆にのせられ、象牙の箸がついていた。その間も僧侶は忙しかった。小使いを本堂に送り、寺に贈られた感謝の旗のひとつを取りに行かせた。話をしている間に、われわれがそれを高く評価していることが分かったので、くれるというのである。彼は、例の昨年の劇場での集会の折になされた演説が載っているパンフレットに自筆で献辞を書いたものも贈ってくれた。さらにお寺の絵と、加藤清正の紙の兜の絵がついている扇子を四本、そして、加藤清正の紋がついている小さな盃をひとつ。それを使って寺の神々に酒を捧げるのである。

さらにまた彼は、これも途中で話題になったので、親切にも町の店に電話を入れてくれ、日本の僧侶がお葬式の時に悪霊を祓うのに使う鞭を「値段をつり上げたりせずに」われわれに譲るよう、話をつけてくれた。年代物の見事な僧侶の衣装を着けた人が、悪霊祓いの鞭を近代的な電話で注文するとは、まったく不思議な光景だった。ところが、残念なことにその点に関しては彼の親切も無駄に終わってしまった。午後に注文された鞭を取りに僧侶に教わった店に行ってみると、店においてないと言うのである。筆頭僧侶には「はい」と言ったのだが、それは嘘だった。欺かれた慇懃、もしくは商人の計算高さであろうが、私にはよく分からない。惜しいことに日本の商人は大部分がそんな調子で、不思議に信用ができない。東洋のいたるところで、日本人は金銭関係のことでは信用できないが中国人なら信用できる、という苦情が聞かれる。昔は（少なくとも武士の間では）日本の方がよかった。借金の証書には、「決められた日までに借金を返済しない場合は、人前にさらして結構です」と書かれていた。当時は、保証はそれだけで充分だった。今の日本の商業界はほとんどその逆である。

もっとも多く欺く者が、他人を笑っているのである。時代は変わるものだ。けれども付け加えておかなければならないが、商業界に堅固で実直な精神を公正に吹き込んでいる立派な日本人がいまだに存在している。

＊1
スコウゴー＝ピーターセンは熊本の本妙寺が「[諸宗教]混淆の寺」と原稿に書いていたようであるが、ウィンテルは、本妙寺は日蓮宗の寺で、加藤清正は仏の化身として崇められているが、加藤神社では神道の神として祀られていて、「自転車で上っていってライ病患者とぶつかった坂の手前にあった」神社だ、と書いている。

＊2
「驚くべき」言葉とは、お守りの効能が「腰より下の病」と限定され、性病などを暗示している言葉のことだが、スコウゴー＝ピーターセンの著書では、それが婉曲な表現をされて分かりにくくなっている。「腰より下」の「恥ずべき」部分を指す言葉を、彼は書き表わせないでいた。

＊3

「本妙寺の住職の名は「キヨミズ」だったと思うが、確信がない。来週家に帰るので、調べて後で葉書を送る」とウィンテルは書いていたが、間に合わなかったか、必要がないと判断したのか、スコウゴー＝ピーターセンは住職の名「金崎」を記していない。

＊4

明治新政府は、神道を国家統治の基盤に据えて王政復古を行なったが、欧米を視察した岩倉使節団の報告などをもとに、近代国家建設に際して、特に教育の分野で宗教が演じる役割の重要性を認識した。使節団派遣中の一八七三年にキリスト教禁制を廃したのを皮切りに、以後、神仏分離の政策を進め、さらには廃仏毀釈の動向に便乗するようにして仏教の影響の弱体化を支持していた。それが一八九〇年の教育勅語の発布につながり、あげくは国家神道、国体の制度に深化されていくのであるが、その間、仏教各派は、延命、革新、再建の努力を続け、中には、スコウゴー＝ピーターセンが報告しているように、若く有能な僧侶を欧米に送り、宗教学を学ばせる宗派もあった。その結果、英語で仏教を語れる僧侶が当時の日本には少なからずいたのである。

大阪（四天王寺）

大阪では［四］天王寺にちょっと立ち寄った。

寺の前では、どこでもそうだが物売りが多数いた。初めて目にしたことだが、生きた亀を売っている者もいた。短い竹の串が地面に差されてずっと並んでいて、その先にのせられた小さな亀が、かわいそうに頭と脚でもがきながら、買い主を待っていた。寺の近くにある聖なる池にそれを放ち、神への供え物にするのである。私は亀の甲羅がほしかったので、売り主にあるかどうか聞いてみた。すると、「ないね。でも簡単に手に入るぜ。亀にちょっと酒を飲ませるのさ。酒が好きだから、においがすりゃすぐに頭を出す。そこで頭をちょん切れば、甲羅をあげられるよ」と言った。それはいやだったので、亀は男の手に残り、頭も残った。

けれども四天王寺に来たのは亀を見るためではなく、有名な古い鐘を見るためだった。「引導の鐘」、すなわち、魂を天まで導く鐘である[*5]［四天王寺には「引導の石」がある］。あまり高くない鐘楼にかかっている鐘は見ることができなかったが、鐘を叩く綱は見た。祭壇の前にかかっていて、そばで僧侶が黄色い経本を手に畳の上に座っていた。その左に書記が座っていて、人びとは彼に［デンマークのお金に換算して］二〇オーレ［一〇銭］から四〇オーレ［二〇銭］を支払い、同時に最近亡くなった近親者、もしくは親しかった故人の名前を告げる。書記は薄い経木を手に取ってそこに名前を書き記し、故人が仏の見守っていた者だった旨を付け足して、経木を僧侶に渡す。すると僧侶はそれを受け取って名前を読み上げ、うんざりするほどの鼻声で祈りの言葉を繰り出す。その要点は、仏は、その者が悪人であったにしろ善人であったにしろ、慈悲心からその者を救済して天国に導く、というものだった。そして鐘の綱を握り、聖なる鐘を「死者への報せ」として三度鳴らし、死者が自由に天国へ行けることを知らせる。その後で経木が祈りを注文した親類の者に返されるのである。

われわれは一〇銭を払って経木を買い、でたらめの名前を書いてもらった。私の目的は、その経木をほかの多数の東洋の宗教的事物とともに、私個人の宣教博物館に持ち帰ることだった。書記は、名前が架空なことだけでなく私の意図も十分に承知していたにちがいないと私には思えたのだが、僧侶がいきなりその経木を取り、架空のピーター［ペテル］・ハンセンのために祈りを始めたのである。僧侶は数珠を両手で揉み、鼻声の祈りを捧げ、鐘を鳴らした。私はその情けない喜劇を見つめながら、なんとも惨めな思いをしていた。

ピーター［ペテル］・ハンセンが仏の天国へ自由に赴けると保証した経木は、今でも私が保管している。けれども、「仏の見守るところ」にあったのはピーター「ペテル」・ハンセンで、そのような者が実在するかどうかは疑わしい。

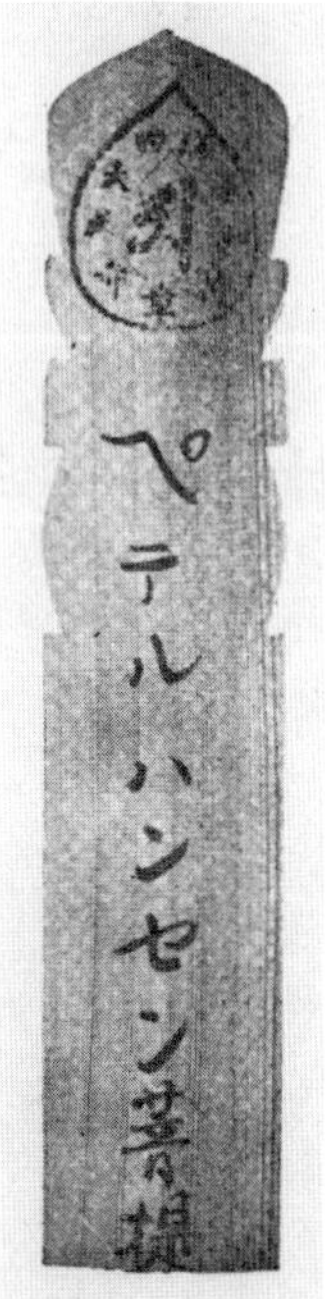

《ペテル・ハンセンの名が書かれた経木》

その後でわれわれは僧侶と話をする機会を得た。寺に来たのはまだ少年の頃で（そんなふうに寺に預けられる男の子たちがかわいそうだ）、一一歳の時に最初の試験に合格し、二度目の試験は一八の時に通った。鐘のそばで祈りを上げる仕事はもう一年ばかりしてきていて、一日に一一〇人から一三〇人ほど天国に送っているということだった。

彼は、自身の信仰の言い逃れをする進歩的な僧侶たちにも、聖なる火が内に燃えている単純な魂の持主たちにも属していない、信仰心も鈍くてひどく無知な僧侶のひとりだった。

＊5
「引導」の意味は、「であった」という過去形ではなく、「になる」と将来へ導くものであることをウィンテルは説明し、スコウゴー＝ピーターセンは記述を改めている。

神戸（禅昌寺）

神戸の禅昌寺を訪問するきっかけはお葬式だった。われわれが神戸を発とうとしていた時、ホテルのすぐ近くでとびきり大規模な葬式を目にした。日本の民衆生活の興味深い面と宗教観が実践される場面を見る絶好の機会だったので、われわれは見学することにした。宣教師ウィンテルが斎場に行ってわれわれの名刺を渡し、なぜわれわれが「距離をおいて控えめに」日本の葬式を見たいのかを説明した。彼の話は理解され要望は受け入れられた。

午後二時頃になって葬列が整った。亡くなったのは、お金持ちの商人の息子だった。そんなにも大がかりな葬列はあまり見たことがなく、かくも特別なのはいまだかつて目にしたことがなかった。いちばん先頭に町の通り［商店街］の旗と商人の組合の旗が運ばれていく。それから黒衣装の手ぶらのふたり。それに白装束の少年が四人続く。そのうちふたりは帚を、別のふたりは「墓を清めるための」水桶を持っている。そして緑がかった透明の花瓶ふたつに入れられた大きな白い蓮の花を二本持った男がひとりで歩く。そのあとを白い着物の者が二六名続き、それぞれが竹製の枠に差しこまれた背の高い花束を運んでいく。その後ろから男たちに引かれた四輪車が八台、これもみな花で一杯だった。ほかにも果物をのせた車、お菓子をのせた車、鳩を一〇羽入れた大きなかごが載った車も一台ずつ。鳩は、魂が解放された象徴として、お墓で放たれることになっていた。そしてようやく死者に供えられる食べ物が来た。五〇以上の脚付きのお盆に、白い紙のナフキン［半紙］で飾られた色付きの砂糖菓子を盛った籠がのっている。これらのお盆は、縞模様の帯を締め、型のついた丸い麦わら帽をかぶった五〇人ばかりの黒装束の男たちによって運ばれていく。それから「永遠の象徴」（苔と花で作られた長方形の字がいくつか、ロウソクをまん中に灯して三角形におかれたもの）を付けた車が三台。次は高い竹竿に吊るされた白い提灯が一六本。そして故人の名が書かれた白旗。それからまた提灯がふたつ続き、白い台に置かれたお棺。その後ろに芳香をあげる香炉を持った男が従う。棺桶のあとからは一五〜六人の僧侶が人力車に乗っていく。どの車の後ろにも寺の小使いと苦力《クーリー》［下層労働者］が付添い、苦力は飾りのついた赤い漆の椅子を運んでいた。先ほど斎場で使った椅子で、お寺でまた使われる。僧侶たちは金糸のけばけばしい色の上着を着ていて、生地には蓮や鳥などの東洋の模様が織り込んであった。親戚ほかの付添いの人びとも葬列に加わっていた。

葬列が動き始めると同時に、燃え上がるわらの束が斎場の階段に投げられ、陶器がその脇で割られると、斎場の門が急いできっちりと閉じられた。この儀式の意味を私は知らない。

葬列がすばらしい山の中腹の寺に到着すると、食物のお供えが祭壇の前の長い台の上に並べられ、棺桶がその台と祭壇の間に据えられた。それを半円に囲んで僧侶たちがそれぞれの椅子に座った。寺の小使いが手にしていた鐘を鳴らしたのを合図に、筆頭僧侶が長々しい鼻声で「南無阿弥陀仏」を始め、全員が合唱に加わった。[*6] それから筆頭僧侶が小使いを伴って前に出て、小使いが差し出した小さな箱から香の粒を三つ取って故人の額においた。そして、集まった人びとが深い沈黙に浸る中、恭しく故人に向かってうつむいた。それからまた席に戻ると、読経がまた始まり、その間、まずほかの僧侶たちが、そして葬列のいちばん前の方にいた人たちが、ひとりずつ筆頭僧侶にお辞儀をした後で棺桶に向かって頭を垂れ、それぞれ香を三粒供えていった。

葬列に加わった人たちの多くが燕尾服を着ていて、その「当代風」が、旧式の異端［仏教］の慣習と奇妙な対照をなしていた。

筆頭僧侶がもう一度香を供えて葬式は終わり、棺桶は焼き場に運ばれていった。

この「引導」と呼ばれる儀式は、魂を虚しい堕落から偉大なるニルヴァーナ［涅槃］の世界まで運んで救済するのが目的だった。

ウィンテル宣教師は、葬列が斎場を出発する前に僧侶のひとりと話をつけ、葬式の後で筆頭僧侶に紹介してもらう約束を取り付けていた。さまざまな儀式について説明してもらいたかったからだ。ところが、先ほどの僧侶が来て言うには、筆頭僧侶は説明がうまくできそうにないので、かわりに禅昌寺の筆頭僧侶のところに行くようにと提案してくれた。同じ真宗に属する寺で、そこで必要な情報が得られるということだった。

われわれがそこへ赴くと、仏教の礼拝がちょうど終わったところだった。お堂の中は人でいっぱいだった。若い僧侶［大沢協州《きょうじゅう》］が説教をし、扇子で椅子を大きな音を立てて叩いていた。真宗は仏教の中でもいろいろな点でいい宗派である。人は仏を信ずることで救済されるべきだと強調していて、この、「信仰」に重点をおくところが、異端［仏教］からキリスト教への橋渡しになっている。若い僧侶の話のテーマもよかった。「知らない場所で道に迷ったら、闇夜になる前に身の寄せ場所を探すはずだ」。それを基本的な考えにして応用していくのである。けれども、身の寄せ場とは「どこか」となると、かなりつまずいていた。中国語やらサンスクリット語の表現をいくつも使っていたが、聴衆には理解できるはずがなかった。けれどもわからない言葉が出てくるたびに、人びとは頭を垂れて「南無阿弥陀仏」とつぶやくのだった。その祈りは彼らの逃げ場所と呼べるのだろうが、それでは貧相にすぎる。

僧侶が話を終えると、男たちも女たちも、なんとお堂の床の上でパイプ［煙管］を吹かしお茶を飲み始めたのだった。まるで、お祈りが楽しいピクニックになったように見えた。

その間われわれはお堂の奥の僧侶の部屋に行った。そこでふたりの僧侶が親切にもわれわれの質問に答えてくれた。ひとつ付け加えておくと、われわれはもちろん例によって床に脚を組んで座っていたので、私の長い脚はやがて疲れてしまった。そこで片手を床について体重を少し移し、身体を横に傾けて姿勢をくずした。けれども私にとっては「日本の良心」であったウィンテル宣教師の射るような視線を浴びて、横に傾いた姿勢は行儀の境界を越えるものだと知らされたので、もう一度脚を組み、苦痛に耐えなければならなかった。

われわれは最初僧侶たちに、火をつけたわらの束と割られた陶器が何を意味するのかをたずねた。ふたりとも、それは分からないと主張した。そんな［神道の清めの］儀式は知らないと。ほんとうかと私はちょっと疑ったが、実は（それこそ興味深いことだったのだが）、ずっと口をきいていた僧侶はキリスト教関係の本をいろいろと読んでいて、仏教の迷信を多少恥じていたのだった。それは特に、死者に供える食べ物のことや、引導の儀式のことについてわれわれが説明をもとめた時に明白になった。お供えの食べ物について言えば、それは「もちろん」死者が食べたり欲しがったりするのではなく、敬いの心を見せる行為に過ぎない。ほかの宗派は死者がお供えで生きていくと信じたりしているかもしれないが、真宗はそんなことは信じない。また、引導の儀式についても、僧侶が礼拝をして香を焚くことによって魂が別の世界に向かう手助けをすると人びとが信じているのを否定しなかった。けれども「もちろん」そのためにしているのではなかった。彼はこう言った。

「私たち僧侶は人を救済することはできません。どんなに地位の高い僧侶でもできません。救済できるのは仏だけです。わたしたちが礼拝を行なって香を捧げるのは、亡くなった方に対して敬意を表し、残された方々を慰めるためです。そしてまた、そうすることによって、救済はすべて仏から来ることを示すためです。子どもが月を指さしても、月にはなんの変化も起こりません。私たちが礼拝によって仏が救済者であることを示しても、仏が与える救済に何も加えたりすることはできません。私たち真宗の信徒は、次に来る仏によって救済されます。信徒でない者を礼拝によって救済することはできません。」

これらすべてには、キリスト教からの影響がはっきりしている。彼自身、キリスト教関係の本をいろいろと読んだことを告白した。それはよいとして、仏教は一点において、少なくともその僧侶が属していたような真宗の中でも小さな一派に過ぎない宗派では、キリスト教のはるか上を行っていた。「私たちは決して祈りを捧げたりしません。なぜならば、仏の慈悲は偉大で、祈りなど必要ないことを確信しているからです。」

＊6

「南無阿弥陀仏」に関してウィンテルは、「阿弥陀」は「際限のない光」と捉えられてきていたが、最近では「際限のない命」と解釈されていて、キリスト教のいわゆる「永遠の生」に匹敵し、「南無阿弥陀仏」はすなわち、「永遠に生きる仏を讃える」という意味だ、とスコウゴー=ピーターセンに解説している。

京都（三十三間堂、方広寺、東西本願寺、清水寺、知恩院、北野天満宮）

京都はお寺の町である。この町だけで七万［八〇〇〇?］ほどの寺があり、八〇〇〇［七万?］人ほどの僧侶がいるという。われわれの訪れたのはもちろんその主要な寺のうちのいくつかだけである。けれども最後には私も、たまたまある寺から出てきたアメリカ人女性が叫んだ「もうこれ以上お寺なんか見たくないわ！　お寺はもうたくさん！」という言葉と同じ気持ちを抱くにいたった。

われわれは一日のうちに、東本願寺、三十三間堂、大仏殿［方広寺］、大谷寺［西本願寺］、清水寺を訪れた。

そうして一巡してみて、私は異端の教え［仏教］についていろいろと役に立つ洞察を得ることができた。

［東］本願寺は、日本における仏教の力についての奇妙な証言者になっている。真宗に属し、皇室の庇護にある。二〇［五〇］年ほど前［一八六四年］に火災にあったが、国中から集まった資金と材料で再建された。三〇〇万円、つまり五五〇〇万クローネほどを費やし、豪華さとその美しく完成された芸術品によって輝いている。寺の梁も柱も巨大で、なんと人の髪を撚って作られた綱を使って引き上げられた。今でも寺にはその綱を巻いたものが五三本残っていて、それぞれが二二八フィート［約七〇メートル］ほどの長さである。すべてで半［デンマーク］マイル［約三・七キロメートル］ほどになるが、人の髪の綱は周囲が一フィート一インチ［三三センチ］もあった。寺の梁にかりそめの敬意を払う目的で全国から山のような量の髪の毛を集めることのできた宗教は、いまだに民衆の支持を失っていない。日本における仏教の力は途絶えてはいないのだ。

けれども、現実に仏教が与えることができるものと言ったら、情けないほど少ないのであ

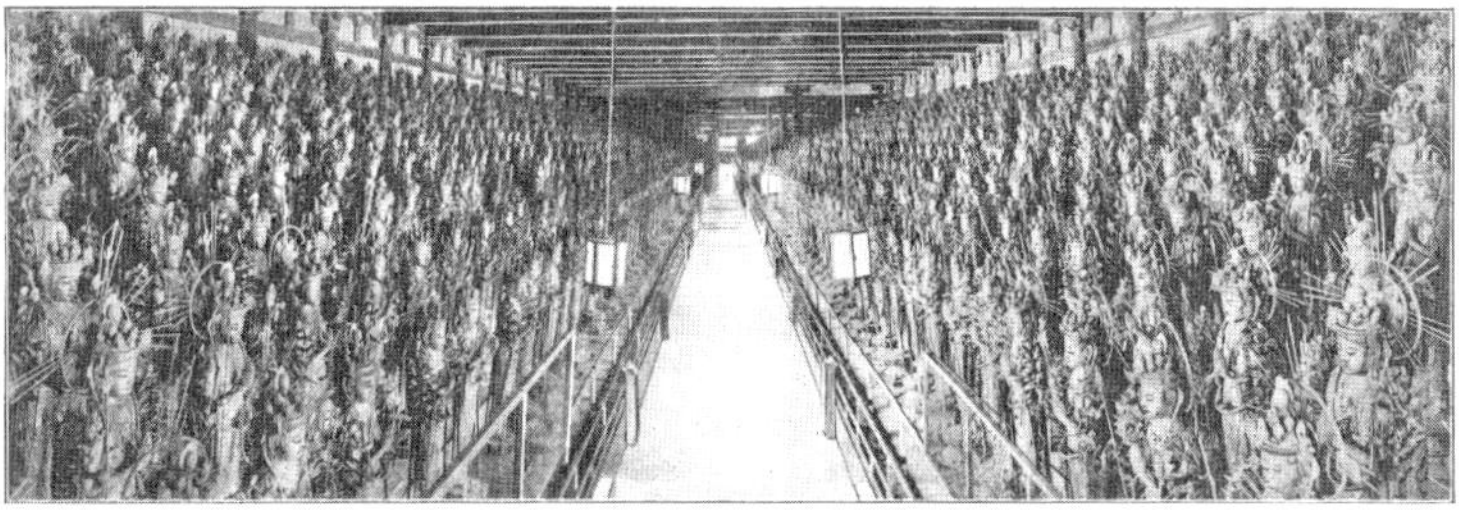

《三十三間堂》

る。そういう印象を私は次のふたつの寺、三十三間堂と大仏殿で受けた。国の建物である三十三間堂には金箔の慈悲の女神［観音］像（人と等身大）が一〇〇一体おいてある。すべてほぼ同様の像で、細部のみ異なっている。硬直し、金色で、手が二一から四二対［二一対、すなわち四二本］もある非人間的な像が果てしなく森のように続いているのである。[*7] 仏像の一部は修理中で、その期間、仏教の経典がたくさん入れてある箱の上におかれていた。慈悲の女神［観音］は特に神聖な場所にしか横たわることができないからだが、それは当然だ。

無数に多様化された金色の像、それがここで仏教が提供してくれたすべてだった。大仏殿では違っていた。今度は数ではなく、不自然な大きさだった。この寺の「見せ物」は金に塗られた木でできた巨大な仏の頭で、高さが五八フィートあった。顔だけでも三〇フィートで、目が五フィート。全体が薄気味悪く無意味な印象を与えた。仏像の数であれ規模であれ、まさにこの無意味な拡

《京都の大仏（方広寺）》

張こそが無力感の表現になっているのである。ほんとうに与えるものは何もなく、「拡大」をして何かが得られると望んでみるものの、ゼロ掛けるゼロはゼロを証明することしかできない。*8

　大仏殿から大谷寺［西本願寺］へ行った。もともと真宗の創始者親鸞聖人（一二六二年没）のために建てられたものだが、国の偉大な人物として神道の神の一員に加えられた時から、この寺は、ほかの多くの寺同様、仏教と神道の寺社となった。親鸞聖人の身体の大部分は（それはふたつに切り分けられた！）寺の裏の山腹に埋められた。真宗の裕福な信徒は、大金を払っていずれ故人になる時には骨のほんの一部でもよいから聖人の近くに埋めてもらえるように計らっている。

　すでにほのめかしたように、真宗は仏教の諸宗派のうちでもっともキリスト教と親近性があるが、それは、人が自分で何らかの行為をするのではなく、信仰によってのみ救済されるのだと熱心に主張しているからである。親鸞聖人が中国においてネストリア派のキリスト者と接触する機会を持ち、ルカ福音書の中国語版を所有していたことが、確かなこととして伝えられている。それはつい数年前まで、京都か京都近郊のお寺の小さな密室に保存されていた。[*9]けれどもその部屋に何が納められていたかは誰も知らなかった。鍵を掛けられた扉には、開こうとする者に対して大変な呪いが襲いかかると書き記してあったからだった。ところがその部屋は近年老朽化により崩れてしまったため、修復を余儀なくされた。その折に親鸞聖人の中国語版ルカ福音書が発見されたのである。これはいろいろな方面から語られていることである。しかし、おそらく偏向的だという理由からだろうが、その信憑性を断じて否定する人びともいる。そういうわけで、実際はどうだったのかを明らかにするのは難しくなっている。

真宗徒のお墓で覆われている山腹の道を上っていくと、清水寺に着いた。この寺はもともと慈悲の女神〔観音〕のために建てられたものだったが、その中にある寺では、ほかにも狐と昔の武人たちが祀られている（そのうちのひとりは、何千もの耳を戦利品として韓国から持ち帰った〔耳塚と混同している〕）。奸計と暴力、これらもまちがいなく慈悲の女神の随員である。

狐を崇めるのは民衆の恐れから来ているようだ。当初は「若い稲束の女神」が崇められて

《狐の彫刻》

いて、狐はただそのお供に過ぎなかった。けれども「稲束の女神」は次第に忘れられ、狐が前面に出た。日本では、中国でもだが、民衆は精神の病（憑き物）は狐もしくは狸（中国ではテン）が原因だと信じこんでいる。少なくとも日本人の五分の一は、宗教的に見て、狐信仰に頼って生きている。[*10] 京都ではさまざまな種類の小さな狐神社［稲荷神社］があって、それは赤い鳥居と狐の絵ですぐそれと知れる。不思議なことに中国では狐はいつも人間の姿をしているのに対して、日本では自然の姿である。けれども狐は、憑き物に祟られないように拝む以外の宗教的機能があるはずである。ずる賢さがある役割を果たしているに違いあるまい。中国のある地方では狐はカルタ師の神であるし、日本では特に商人と道を逸れた女性の神で、ある一日が幸運な日か不運な日かを定めたりするのに利用される。私はある朝、小さな狐［稲荷］神社に男が来ていろいろな字が書いてある籤棒でいっぱいの鉄の箱を揺すり、一本の棒を取り出すのを目撃した。そして字が何を意味するのかを表を見て確かめていた。狐はつまり真実を語る者なのだ。幸運と不運を嗅ぎ分ける優れた鼻の持主なのである。それは異端者たちが必要としているものだった。[*11]

清水寺では、異端者たちの祈り方について新たな発見をした。鉄条網で囲ってあった仏像の多くが、唾をかけられた紙の玉でいっぱいになっているのである。小さな紙片に願いを書きこみ、それを嚙んで丸めて唾をかける。丸めた紙が網に引っかかるのは悪い報せで、仏像に届いてくっつくならば願いが叶えられる。届いても落ちてしまうときは、結果は疑わしい。他の人たちは、紙に書いた願いを仏像の前の鉄条網に結びつけたり、小石で試したりする。私は十層もある塔の屋根が小石でいっぱいなのを目にした。願いをつぶやいてから小石を塔に向かって投げ上げる。屋根のどこかに落ちればよい、特に上の方の屋根であればもっとよい。けれども落ちてくれれば願いは聞き入れられない。まったく、異端者の願いというのは、くじ引でしかないのだ。

いろいろな僧がお守りを売っていた。われわれは雷除けとかなんとか除けとかを買い、僧に、お守りはほんとうに効能があるのか聞いてみた。彼は答えた。「もちろんですとも。ほんとに効きます。あちらの小院、そちらの小院を見て下さい。小さな桶がたくさんおいてあります。あれはみなここのお守りに助けられた人たちから贈られたものです」。効能に関してはまったく疑いの余地がないということだった。

この寺に関してもうひとつ「撫で仏」［賓頭盧《びんずる》］について付け加えておく。*12 日本のお寺のあちこちでこのような仏に出会うが、ふつう等身大で、たいていお堂の外の、人が近づきやすい場所におかれている。自分の身体の病のある場所をまず撫で、次に仏像のそれと同じところを撫でるのである。逆のこともある。するとまちがいなく効くのだ。私は気の毒な女性が病んだ目を撫で、それから仏像の目を撫でるのを目にした。やがて若者がやってきて同じ動作をした。そうして病が伝染するのである。［治癒ではなく］伝染にのみ効き目があるのだ。

こうした際限のない迷信の暗闇を目撃して、私は言葉にできないほどの意気消沈を味わわされた。迷信の暗闇にはいまだかつて光が差しこんだことがないのである。ああ、闘いに勝利するにはまだまだ道は長い！

それでもひとつだけ清水寺にはいい点があった。場所柄である。なんとすばらしい所だろう。寺は谷間の底に滝がある森におおわれた山腹にある。崖の上に建てられた幅広い舞台の上に立ち、沈みゆく陽の光の中で山と町を見渡した。

そんなにもすばらしい景観、かくもすばらしい寺の建物には、もっと優れた信仰があるべきである。

＊7
ウィンテルは三十三間堂の千手観音に四二本の手のあることを説明し、それが二一対になっている、と付け加えているのだが、なぜかスコウゴー＝ピーターセンは、「手が二一から四二対もある非人間的な像」としてしまった。

＊8
何を好ましく思うかには、文化的背景が多分に関わっている。特に美醜に関することは、趣味と同じく議論の余地のないところがあるため、自分たちの見るようには見ない、あるいは見えない人間がいることを認識する契機とすべきであろう。けれども、拒絶反応が強ければ強いほど、それはそれで、強烈な印象を受けたことの証となっているのである。日本人でも、外国へ出かけていって、ガイドブックに「すばらしい」と謳われている事物を目の前にして、何だ、これは、と戸惑った経験をすることがあるはずである。まったく興味を惹かれないものならば無視して沈黙すればよい。けれども、拒絶反応を起こすならば、それなりのインパクトを受け

たことになる。

＊9
親鸞聖人が所有していたと言われるルカ福音書の中国語版が大阪のお寺に保存されていた、とスコウゴー＝ピーターセンは書いていたようだが、ウィンテルはそれに対して、たしか京都か大津だったとコメントした。スコウゴー＝ピーターセンは、「京都か京都近郊」と直している。

＊10
「少なくとも日本人の五分の一は、宗教的に見て、狐信仰に頼って生きている」とスコウゴー＝ピーターセンが書いている箇所にウィンテルは、「はっきりしたことは言えないが、五分の一はむしろ少なすぎるくらいだろう」とコメントしている。

＊11
誤解が理解のひとつの形であるように、迷信も信仰の一形態であり、それなりの役割を果たしている。信じる者は救われる、もしくは自分を救うのである。かつて、徳川幕府が「異教徒」を迫害した時、キリスト教の神を崇める彼らの信仰は「迷信」と見なされていた。

＊12
清水寺の「撫で仏」と呼ぶのは、わかりやすくていいかもしれないが、正確には「賓頭盧」だ、とウィンテルは注意しているが、スコウゴー＝ピーターセンはそのままにしている。

京都の寺の中で私にいちばん深い印象を与えたのは知恩院である。

＊　＊　＊

改築された見事なお堂［阿弥陀堂］で、僧侶がひとり座ってもごもごと際限なくけだるく「南無阿弥陀仏」を繰り返していた。一祈りごとではなく一語ごとに木魚を叩いている。そうして朝七時から夕方六時まで休むことなく続けられるのだが、祈りを上げる僧侶は三〇分ごとに交代する。

この寺が興味深いのは、立派なお堂でも、日長続けられる僧侶の祈りでもなく、建て増しされたいわゆる「戦勝堂」［本堂］だった。徳川三代将軍［家光］により、一六三七年に日本のキリスト教徒に勝利［鎖国令を発布］した記念に建てられた。その結果一挙に二万人以上のキリスト教徒が殺害され、日本中に悪評高い高札が立てられ、日本に入国しようとするのなら死をもって罰するとして［外国の］キリスト教徒を脅した。このお堂は、日本における異端教［仏教］とキリスト教の闘いの非常に興味深い記念碑なのであり、異端教の勝利の記念として建っているのだ。キリスト教が同様の勝利のお堂を建てられるのはいつのことになるだろう。西洋の多くの人びとが考えているよりはずっと長くかかるかもしれない。

本堂は、毎年一回日本全国からやってくる浄土宗の僧侶が集まる場所である。そのためにお堂には、宗派の信徒用の客室などがあるさまざまな建物が付随している。天皇も一八七九年までは決まって集会に参列していたほどだった。*13

われわれは各建物を結んでいた廊下を歩いていき、一方で部屋部屋をのぞき、もう一方では小さな寺の庭を見渡した。廊下の床は軋《きし》りを上げたが、明るい音なので「ナイチンゲール［サヨナキドリ］」の床［ウグイス張りのこと］と呼ばれていた。東洋人は欠陥や脆弱さを耳に快い表現でもって隠す名人である［故意にそう建造してあるのがわかっていない］。

繁茂した山腹に向かってせり上がるようにして作られた寺の庭は非常に牧歌的だった。端正なアザレアや背の高い杉の木があり、小さな池には青いアヤメが咲いて古く優美な石灯籠を飾っていた。けれどももっとも興味深かったのはさまざまな部屋、特に天皇の部屋のいくつかで、きわめて古い日本の名画が描かれた金箔貼りの屏風で飾られていた。題材はもちろん純粋に日本的で、われわれ西洋人には少々滑稽だった。古い節くれ立った木々、眠っている猫、様式化された菊の花、ありとあらゆる姿勢の鳥、雉子やフラミンゴ［鶴］、ツバメやスズメなどだ。日本の絵画芸術に心を動かされたとは言えないが、それは私には芸術性が欠けているからだろう。日本人自身はともかく、西洋芸術の専門家の一部もこれらの絵画作品には驚嘆の声を上げているが、それだけの値打ちが確かにあるのだろうと思う。三羽のスズメを描いた絵がたどった数奇な運命を聞いたら、納得がいくはずだ。それによると、三羽のうち今は一羽しか目にできないわけは、ほかの二羽はまさしく生きているように描かれていたために、ある日どこかに飛んでいってしまい、あとには霧しか残されていなかったのだという。

京都で初めて日本のお祭りを見た。天神社［北野天満宮］では、毎月二五日に日本の国民的英雄菅原道真（九〇一［九〇三］年没）を祝う。日本では「空席」を前にしてお祭りを行なったりしない。何台もの路面電車が神社への客を満載して運んでくる。神社の入り口には古くて巨大な鳥居が立ち、例によって悪霊から守るために綱を縒り合わせたものがかかっている。入り口を入ってすぐのところで、人びとは牛が引いて汲み上げた井戸の水を飲む。牛と梅の木は菅原道真には馴染みが深い。すごい人ごみで、町の者や地方の者たちが国民衣装［着物姿］で行ったり来たりしていた。若い娘たちは赤い着物、壮年は色とりどり、年配の女性は白い着物だった。神社の前の庭は、（昔もそうだったのだろうが）今も鞭を振るって人払いをする者が欲しくなるほどだった。屋台の店が数多く出ており、猿芝居、奇形（動物も人間も）の見せ物、戦争の絵、映画館、手品師や道化などなど。あちらからもこちらからも「いらっしゃい」「いらっしゃい」の叫び声が届いてくる。

菅原道真を祀った祭壇がある神社の開けた高い舞台では、巫女が踊りを踊っていた。もうひとりの巫女と少年がそれぞれ笛を吹き太鼓を叩いている。祭りの日には訪問客が菅原道真の栄誉のために踊りを注文することができるのだが、それを群衆の中にいたひとりの男がしたのだった。踊っている巫女は足まで届く長くて赤い服を着て、白い上着を重ね、髪にはこれも白い絹紐を結んでいた。手には刀を持っていたが、踊りの途中で鞘から抜き、空中で振り回した。けれども踊りのテンポは速くも激しくもなかった。踊りそのものも、私がそれまでに見たどんなダンスとも、まったく似ても似つかないものだった。ちょこちょこ歩くようで単調だったが、それでもしなやかで優美で格調があり、威厳もあった。踊りが終わると彼女はもうひとりの巫女とともに祭壇へ行き、鐘を片手に取り、もう一方の手には食物の供え物が入った鉢を取って、踊りを注文した男のもとへ行った。そして男の頭の上で鐘を揺すって何度か鳴らし、扇の上に甘いお菓子をのせて男に勧めた。その間にもうひとりの巫女は、供え物の稲の粒をいくつか青い葉にのせて男に与え、小さな平らな器［盃］に酒を注いでわたした。

やがて本殿の方から音楽が聞こえてきたので、われわれはそちらへ急いだ。本殿はさまざまな丸い鏡（神道の神のシンボル）と白い御幣（紙を帯状に折ったもので、その独特の折り方に魂が宿るとされる）で飾られていた。階段の下にも本殿の外の廊下にも多数の人びとが立っていた。われわれはちょうど、白い紐が結んである黒い帽子をかぶった白装束の神官たちが、複雑な音色の笛の音とともに小さな白木の台に食物の供え物の鉢をのせて登場してくるところに出会わせた。神官ひとりずつがみなそれぞれに決まった台を持ち、それをひとつずつ、膝をついて隣の神官に渡していき、すべての台が祭壇に捧げられるまで続いた。その間、群衆も膝をついている。ほとんどの人たちが、仏教の［！］祈りを唱え、その前後に両手を打ち合わせていた。多くの人が小銭を神社の［賽銭］箱に投げ入れるか、柵を越して本殿の畳の上まで投げ入れるかしていた。また少なからぬ人たちが、米の入った小さな包みをしばらく柵の上にのせ、そうして米を神聖にしてから家へ持ち帰っていた。

供え物を運び終えると神官たちは、本殿の音楽家とは反対側の端に固まってひざまずいた。両手には今、平らで小さな棒を持っている。それを持ったまま顔面を深く下げ、そのままの姿勢でかなり長い間じっとしていた。やがて筆頭神官が祭壇の前に進み出てきて、まったくの静寂の中、何か書いてある巻物を広げた。祈りの言葉、もしくは、国の一種の教義書になっている菅原道真が息子に宛てた別れの言葉かもしれない。[*14] それがすむと、それまでずっと端のほうで「顔面を床につけていた」神官たちが本殿のまん中まで膝をつけたまま動いて進み出てきた。そうして祭壇に向かって頭を垂れ、手を打ち合わせて祈った。音楽がまた演奏され、やがてすべてが終了した。

＊13

一八七一年に伊勢神宮が宗廟となったのちにも、天皇が浄土宗の集会に決まって参列していたと報告されている。天皇家の菩提寺が京都の泉湧寺だったなど、天皇家と仏教との関わりは近代まで続いていた。「天皇家＝神道」の図式が頭の中に刷り込まれている現代の読者は、こういう記述にぶつかると驚きを覚えるに違いない。スコウゴー＝ピーターセンは見たまま聞いたままを記録しているだけで、時代を経て変化した現代の視点から当時の記述を裁断しては、誤りを犯すことになる。

＊14

「別れの言葉」とあるので、九〇一年に九州太宰府に配流となった道真が出発する時に詠んだ有名な和歌「東風《こち》吹かば匂い起こせよ梅の花主なしとて春な忘れそ」のことであろう。

＊　＊　＊

天神社の祭りは、大変な人出だったにもかかわらず、月例の祭りで小規模なものだった。

それとは別に、私が京都に来る数週間前に、いまだかつて見たこともないような規模の法要が行なわれていた。それについては、ドイツのプロテスタント宣教会シラー師と話した時に詳しく聞いたので、その一部を以下に紹介しておこうと思う。

日本における仏教の二大宗派、真宗と浄土宗はいずれも日本で生まれた宗派だが、その始祖の没年をいずれも五〇年ごとに祝っていた。今年がちょうど浄土宗の七〇〇回忌と真宗の六五〇回忌の年にあたっていたのである。それで祝典が催されることになったのだが、どう執り行なうかについては、不明な点が多かった。その前、五〇年前の回忌の時には仏教はまだ国教だった。けれども今は私的経営になっており、政府は神道を優遇し、西洋文化とキリスト教が日本を席巻するようになっていた。そうした変貌した状況にあって、巡礼者が果たして大挙して訪れるのだろうか。だれも確かなことが言えなかった。けれども仏教の僧侶たちは全力をあげて回忌についての日程を発表し祭典の準備をした。二派の三つの寺（真宗は東と西とふたつあった）はそれぞれ二週間ずつ法要を開くことにし、おたがいに日時を調整した［浄土宗知恩院は三月一〜七日と四月一九〜二五日、真宗本願寺は三月一六〜二五日と四月七〜一六日］。日本全国から臨時列車が運行され、巡礼者たちのために京都に特別な駅［梅小路停車場］が建てられた。それ以外にも、臨時の医師派出所、郵便局、お寺の売店等々が設置され、首尾上々で結果は予想をはるかに上回った。六週間の間に、臨時列車だけでも毎日五万人もの巡礼者が京都を訪れたのである。計二〇〇万人以上になる。どの巡礼者も京都で二泊し、最低一円（一クローネ八五オーレ）お寺に払わなければならなかった。けれども多くの者がそれよりずっと多額を払った。ある金持ちは、お寺のひとつに高価な新築の門を寄付したし、そんなに豊かでない者たちも、多くが一〇〇クローネから二〇〇クローネの間の金額を払った。仏教者青年会が開いていた売店のひとつでは三万五〇〇〇クローネもの収入があり、韓国での仏教布教に使われると言う。

祭典そのものは説教と日に二回の費用を惜しまない華麗な行列から成り、始祖の絵とまだ生存中の後継者たちが崇められた。

この群衆と資金の飛び抜けた集まり具合は、キリスト教徒も政府も、仏教者たち自身も含めてあらゆる人びとを驚かせた。祭典が見せたような民衆に対する力を仏教が今もなお持っていようとは、だれも思っていなかったことだった。それは西洋でも多くの人を驚愕させるにちがいない。ある方面では福音書が日本で前進したと言って勝利の笛を早く鳴らし過ぎたきらいがあるようだが、ほんとうのところは、いろいろあるにしろ、［キリスト教への］道はまだまだ長い。［祭典に参加した］ほとんどの巡礼者たちが属している社会層、日本の都市部、地方の人びととの幅広い層は、まだキリスト教に触れることすらできていないのである。それにはごく自然な歴史的理由がある。[*15]

日本における布教は、少数の港町の教養人の間で行なわれた。当時はそれ以外は不可能だった。改正条約が一八九九年に発効してようやく宣教師たちは自由に日本国内を旅行することができるようになったのである。周知のように日本は、［治外法権で］外国人が日本の裁判所によって裁かれないのなら、日本領土を自由に移動することもできないとしていた。けれども一八九九年に西洋列強は日本の裁判所を受け入れたので、外国人の日本国内旅行も自由になった。たった一二年前のことだが、それまで宣教師たちは、開港開市された土地以外で一泊するにも特別に旅行許可を得なければいけなかったのである。したがって、地方の人たちに混じって仕事［布教］をするのは、当時は無理だった。また実際問題として、一八九九年直後でも不可能だった。地方の人びとが無知で外国人を敬遠していただけではなく、キリスト教を真っ向から恐れていたからである。キリスト教が日本へ来たのはそれが初めてではなかった。一六三七年の血祭り［島原の乱］で終わった宣教時代はまだ忘れられていなかったのである。地方の人たちは保守的で、代々キリスト教徒になると命を失う、と厳しく言い伝えられてきていた。だからキリスト教とは関わらないのだと。日本の一般民衆がキリスト教に対してかなり安心して接するようになるまでには多少の時間を必要とした。その点、日露戦争下の宣教師たちならびにYMCA［キリスト教青年会］の活動が大いに貢献することになった。日本各地から来ていた兵隊たちが、野営地や日本の病院で、キリスト教徒が奉仕している姿を目の当たりにしていたからである。今ようやく、宣教師たちは希望を持って日本の多数の地方人たちに混じって仕事ができるようになった。日本にいる宣教師たちのほぼ全員が、その方向で前進できる時が到来したと感じている。

この最後の部分はシラー宣教師との対話では触れられなかったが、追加項目として私が付け加えておいた。

＊15

キリスト教に触れていないことが、まるで不幸なような言説であるが、それこそ偏見であり、視点を変えれば、巡礼者たちに限らず日本人一般は、キリスト教に触れなくても「信心」、信ずる心をそれぞれに実践する場を持ち、機会を与えられているのである。キリスト教の神を信仰する心と、この「信心」とは交流が可能なことは、この節の最後の記述に明らかである。キリスト教徒であるかどうかという、言わばレッテルで判断するのではなく、その「心」を通いあわせること。そこに親しみが生まれることを、スコウゴー＝ピーターセンは経験した。キリスト教か否か、という以前に、「信心」があるかどうかが問題であり、人は信仰がなくても「祈る」ことはできるのである。

＊　＊　＊

上述した巡礼者の流れが宗教的な観点から言って実際に意味のあることで、別の言葉で言えば、単なる外観的な現象ではなくてその裏に強い宗教的な力が働いているという印象を、私はある機会に得ることができた。京都ではなかったが、巡礼者たちの祭典について語ったところなので、ここに挿入しておく。

旅行者がめったに行かないあまり知られていない地方の日本を見てみるために、私は二、三日の間、久留米から中津まで日田の山々を越えて九州を横断した。きわめて快適な旅だった。途中、三人の巡礼者に出会った。若い男と女性がふたりだった。われわれは乗り物から降り、彼らと話をした。みんな頭に大きな平たい麦わら帽をかぶっていて、それが傘がわりになるそうだ。背中に包みを背負い、胸元にはお布施袋、数珠、紐で縛ってある平たい板の間には、お寺に貼り付けるいろいろな感謝の札が挟んであった。手には長い杖を持っていて、それに名前と故郷の名が書いてある。「八十八の寺」を回ってきたということだった。四国には八八のお寺があって、確実に救済を得ようと思ったら、すべてのお寺を決められた順に訪ねなければならない。三人は長崎の出身で、もうかれこれ二か月を費やして毎日五〔デンマーク〕マイル〔約三八キロメートル〕ほどを歩き続け、今はその帰り道にあった。

かれらが、偽善的な自己満足ではなく、私が「心配そうな敬虔」と呼ぶもので溢れていたのは一目で分かった。心配は、まだ何かを十分にしていないという心持ちから来ている。私が近づいていくと、ひとりが手を打ち合わせて「南無阿弥陀仏」をつぶやいた。身長が一八〇センチ以上あり金髪の私は〔ウィンテル宣教師は髪が黒く彼らと口をきくことができた〕、外国語を話していたせいもあって生身の仏に見えたのかもしれない。手抜きがあってはいけない、祈りも足りないよりは余計にしたほうがよさそうだと思ったのであろう。

ウィンテル宣教師を通じて、収蔵品に加えたいので杖を売ってくれまいか、とたずねると、こんな心を揺さぶる言葉が返ってきた。「ほかに換えられるものがあるのなら、喜んでこの杖をあげましょう。けれどもそれはできません。この巡礼の杖と巡礼の衣装は、この人生にあっても死の世界でも、信用できる唯一のものなのです」。そうして背中の包みを下ろし、開けて中味を見せてくれた。まず巡礼の帳面。八八寺への巡礼を始める者はみな、寺の名がすべて書いてある帳面を渡される。寺を訪ねていくと、そこの僧侶が、帳面のその寺の名が書いてある箇所に赤い印を押す。同様に白い巡礼の衣装にも印が押されるのだ。このようにして印がすべて押された帳面と衣装は、杖といっしょに大変神聖な宝物となり、拝むことさえできるほどなのである。彼らが自ら触れてきた多くの聖地から受けとった神聖さが貼り付いているのだ。印のほかにも巡礼者たちは、各所で印刷された小さな仏像の絵をもらう。それには番号がついていて、巡礼の帳面の寺の番号と一致する。その小さな絵のうちから二枚を選んでわれわれにくれた。それからウィンテル宣教師が、われわれの信じているところを彼らに少し話して聞かせた。別れを告げた時にはすっかり親しくなっていた。

その時だけではなく、ほかにも多くの異教徒［仏教徒］の儀式の背後に垣間見える本物の「心配そうな敬虔さ」は、ある側面から見ると、異教［仏教］に抵抗力を与えているようだが、同時に、宣教の仕事に対しても希望を与えているのである。

奈良（奈良公園、東大寺、春日大社、奈良国立博物館）

一日を奈良で過ごしたが、そこで見たものは十分に価値があった。奈良は八世紀の一時期日本の首府だった。かつては天皇の城を囲んでいた公園を通って古い寺社への道が続いてい

《奈良の公園》

る。今では寺社だけしか残っていない。公園には鹿がたくさんいて、人になついている。菓子をもらおうとして、訪れる者を多数で取り囲む。われわれも薄い菓子を一束買って、鹿たちに与えた。私のまわりには一〇頭以上の鹿がぴったり寄ってきて、餌をもらおうとして首を伸ばしていた。一頭見のがしていた鹿がいたが、自分の存在を主張して、私の膝に頭をなすりつけてきた。ほかの二頭は、道に転げ落ちた菓子をめぐって争った。後脚立ちになって、前脚でおたがいを攻撃した。二頭が争っている間に、菓子は三頭目が食べてしまった。世の中はすべてこんな調子である。「人に」なついた鹿はロンドンのハンプトンコートでも見たことがあったが、数はずっと少なかった。なついた鹿のほかにもうひとつこの古い公園が際立っていたのは、その見事な杉の木立のためだった。まったくおとぎの国のような木々だった。それから、道に沿って長く続く何百もの聖なる石灯籠。苔が生え重々しくて美しい形をした石灯籠には、ガラスではなく紙を張ってあり、日本の寺院に特有のものだった。その多くは今でも夕方になると灯を点され、ほのかに輝く小さな灯油の明かりは、夜分の古い木々の影に、魅惑的な趣をそえている。

われわれが見た五つの寺院をすべて描くのは過度に過ぎるので、私が特に個人的に興味深いと思ったことを二、三書きとめるだけにする。

寺院のひとつに、「不動」のための小さなお堂があった。その正面全体に、大きな錐がぶら下げてある。何だろうと不思議に思っていると、やがて説明があり、錐は耳の聞こえない不幸な人たちによって吊るされ、神の力で耳が聞こえるようにとの願いからだという。何らかの神秘的な力によって神が錐を使い、聞こえない原因となっている耳の鼓膜に穴をあけてほしいという願いだ。まったく子供じみていて不気味な想像力である［東大寺金堂の多聞天であろう］。

もうひとつの寺［東大寺大仏殿］では、日本で一番大きい青銅の仏を見た。しかも大仏ではそれがいちばん古い。八世紀のものだったけれども、頭の部分はずっと新しかった。残念なことに、大仏のお寺は修理中で、高さが五一フィートもある仏像は、ぐるりと櫓で囲まれていて、まとまった印象を受けることができなかった。そのかわりに、西洋人の多くが仏教とたわむれる姿をかいま見ることができた。精神的に無感動になったひと握りの欧米人の間では、仏教が流行になっている。哲学的にまったく異質で高貴であり、キリスト教より寛容であるという。彼らはしっかり目を見開いて、仏教が実際にどんな結果をもたらしているかを見極めるがよい。ほかのことがら同様に宗教も、その結果からよく知れるのである。京都の寺では、有名な身持ちの悪い女性の名前が街灯のガラスで宣伝してあった。別の場所では、寺のお堂に三七樽もの酒が積み上げてあった。樽にはその酒が最高級品であり、寺に寄進されたものであるという書き付けがついていた。仏と僧侶に贈られた酒である。キリスト教徒でない日本人でも、仏教は民心を保ち鼓舞させるだけの「塩」を持っていないと認めている。けれども、「キリスト教を嫌う教養人」の多くはそうした現実を見ようとしない。仏教は、キリスト教に打撃を与える道具として利用されているのである。奈良で、仏教とのたわむれが実際にどんな形でなされているか、一例を見る機会があった。

訪問者向けの大きなポスターに、寺の修復のために一五〇〇万クローネが必要なため、すべての訪問者が（入場料以外に）寄付をするよう期待している旨が書いてあった。もう何人もが寄付をしていて、日本人だけではなく英国人、米国人、オランダ人、フランス人、ノルウェー人も交じっていた。ふつう一〇〇クローネほどを寄付していた。大きな札が寄付者の名前と金額を示している。異教の寺の修復のためにヨーロッパ人が寄付金を与えたのを見るのは、残念なことだった。けれども仏教徒は賢い。受け取った寄付金を見せびらかすようにして札に書き上げているのである。一〇～一二クローネ、いや、おうおうにしてそれより少ない金額でも、道端もしくは廊下の天井の梁に、自分の名前が書かれた札を掲げてもらえるのだ。いい手本を見せるため、もしくはただの慰みのために。寄付金を札で表示することは、寄付者の大部分にとって少なからぬ意味を持っているようである。

三つ目の寺院［春日大社］（最初にそこに行ったのだが）では、幸い三人の巫女が非常に古い踊りを舞うのを見ることができた。赤い服を着て絹糸の刺繡のある白いショールを掛けていた。頭の前の部分には赤い椿がのせられ、そこから金属片のようなものがキラキラと額に垂らされていた。髪は束ねられて腰の辺りまでさらりと流されている。黒い帽子をかぶり、青い着物の上に礼拝用の白い上着を着た神官がふたり、楽師を務めていた。床にあぐらを組んで座り、二三度手を打ってから前にかがんだ。それからひとりが小声で歌い始め、同時に平たい木を二本、打ち合わせた。すると、それまで前屈みになり祈る姿勢でいた三人の踊子

《奈良の巫女》

が舞い始め、つま先だって前へ後ろへと動いた。皆それぞれに帯にさしてあった扇を取り出し、揺するような扇ぐような大きくて優美な動作を繰り返した。それからまた扇をたたみ、帯にさしてからひざまずいて、三人とも置いてあった小椅子から変わった鈴を取り上げた。鈴からは絹の帯が長く垂れ下がっている。それからまた前後に行ったり来たり、弧を描いたりして、時折鈴を高く持ち上げたりした。残念なことにそれ以外に踊りには「勢い」も「見せ場」もなかった。初めから終わりまで単調だったが、威厳はあった。それを見て、踊りとはこういうものだと思っていた日本人が、東京の大使館で初めて西洋のダンスを見た時に、欧米人は気が違ってしまったのではないかと疑ったのがよく分かったような気がした。*16

軽い昼食のあとでゆっくり休憩をとってから、最後に奈良歴史博物館［奈良帝室博物館、現奈良国立博物館］を訪れた。日本仏教最古の時代の貴重な記憶が保存されていた。すばらしい青銅の品々、寺の書類、古い辞書の断片、古くから伝えられている歴史劇の古風な仮面、古い呪文、たとえば「海竜王の聖なる文書」とか「大雉の呪いについての聖なる文書」とかいったものだった。けれども展示物の大半は古い仏像だった。青銅や木、乾漆で作られた美しくバロックな仏像が無数にあった。古い仏像を陳列して博物館にした人びとは、仏が信じられていた時代を「いまも」生きているのかと思われたのだが、まったくそうではなかった。日本では政府が「この」「神の博物館」を作っているのであり、チェンバレンがかつて言ったように、「教養ある政府の要人と一般民衆の広い層との間の溝が日本ほど大きい国は世界にない」のである。

＊16

東大寺の大仏殿でも春日大社でも、仏教であろうと神道であろうと、すべてをひとくくりにして日本の「異教」が体現する諸相にスコウゴー＝ピーターセンは拒否反応を示している。けれどもそれは大半が無知から来ている「知らず嫌い」である。異文化に初めて接した時に起こる自然な反応であり、それを文字通りに受け止めて動揺することはないのである。人は、見たことのないものに対して、それまでの体験をもとにして想像力を働かせ、往々にして極端に肯定的もしくは否定的な判断をする。それ以外の道はないのである。異文化の事物や現象は、歴史的・文化的に関連づけて説明されることがない場合は、必ず誤解を生じてしまう。誤解であれ、それが言説化されていれば、そこから一歩進んで対話が生まれ、誤解の修正が可能になる。スコウゴー＝ピーターセンは、西洋のダンスを初めて見た日本人の反応と、自分が日本の踊りを目撃した時の対比を試みているが、日本人とはまさしく逆の体験をしたにもかかわらずそれを対象化して理解できたのは、日本人の反応について予備知識があったからである。異文化理解とは、誤解を通じて、誤解を解きほぐすことによって自らの体験となす過程にほかならない。

スコウゴー＝ピーターセンは後述の日光についての描写でも、同様のせっかちな判断を下しては「異教徒」を糾弾しているが、同じメカニズムによっているのは言うまでもない。

新奇な現象に対して拒否反応や揶揄的な言辞を浴びせた例は、西洋文化と接したばかりの明治日本にも枚挙に遑ないほどあった。西洋人を真似て牛肉を食べる同胞を気持ち悪がったりしていた日本人も、やがて「食わず嫌い」の段階を越え、むしろ牛肉を食べること自体が「近代的」であるように錯覚していった。過剰に受容的になる場合も、たとえば西洋風のダンスをするために洋装を試みた日本婦人が、服が身体に合わないと訴えるので調べてみたら、コルセットを上下逆さまに着けていたとかいった具合に、異文化の受容の際には、必ず試行錯誤の過程があるのであり、それはごく自然なことなのである。そこから深刻な判断を下したり、大それた結論を引き出したりする必要はない。

日光（輪王寺、東照宮）

日光で私は、すばらしい自然と優れた古い芸術、際限のない豪華さの世界を目にしたと同時に、果てしない暗闇をかいま見た。

日光は日本の誇りで、一七世紀初めの徳川初代将軍と三代将軍を記念する大きな寺で有名である。このふたりは将軍時代の三五年の間に日本におけるカトリックのキリスト教を排斥し、日本の幅広い民衆の間に、世紀にわたるキリスト教への憎しみの土台を築いたのだった。

《日光の杉並木》

お寺は誇り高く年代を経た杉の木が茂っている山腹にある。私が計ってみたところによると、周囲が一二～二四フィート、高さが一〇〇ないし一四〇フィートあった。世界に比べるものもない何キロメートルも続く杉並木がお寺まで延びている。これらの杉の木は、その昔、ほかに差し出すものはないが、なおも供出したいと願った貧しい者たちによって植えられたものだった。

毎年六月一日と二日に、日光では大規模な宗教的な祭典が行なわれる。われわれはその日にあわせて日光に滞在した。正式の一般対象の祭典は六月二日に催されるので、その前日を、寺院を見ることに費やした。

まず、徳川一世［初代将軍家康］のために建てられた寺院［東照宮］へ向かった。全部で二三の建物から成っている。翌日の祭典のために天皇によって送られてきた特使が、午前一〇時、非常に厳かに徳川の霊魂に供養を捧げることになり、その間、寺院はふつうの者たちには閉ざされてしまった。*17 われわれもふつう以上ではなかったので、日光の小学生たちが、式典で歌を歌うために長い列を作って寺院へ向かっていく様子を眺めることで満足しなければならなかった。そして手始めに小さな寺を見てまわることにした。仏三体のための寺［三仏堂］、師ふたり［ら］のための寺（日光の開基者［勝道上人］と弟子［たち］の仏僧）［開山堂］、人を癒す仏のための小院で眼病が専門の寺［慈眼堂］、ふたりの荒くれ者のための寺院［二荒《ふたら》山《さん》神社］、これはかつて日本をモンゴル人の攻撃から守った強靱な神で、今は国の平穏のために祀られている。ある僧侶が説明してくれたところによると、「ふたりの荒くれ者」は、以前は近くの大きな山に住んでいたのだが、そこまで登っていって祈るのは大変なので、簡単にするためにふたりをここまで下ろしてきた、ということだった。まったく世の中には実用的な人びとがいて、便利なことである。

このふたりの神の本堂には酒の入った樽がいくつも置いてあった。これは神に贈られる酒だと僧が説明した。われわれは贈った後どうなるかを知りたかった。神は酒を飲まないだろうからである。飲むはずもない。以前は、祭壇に丸一日おいてあった酒は捨てられていたが、「今は神官たちがかわりに飲んでいる」とのこと。正直な答えには違いない。

それから［法華堂の］鬼子母神へ行った。満足そうな小太りの女神が祭壇で石榴を片手に、もう一方の手に子どもを抱いている。そこにいたやせ細った僧がきわめて真剣に、この女神は以前には子どもを盗んで食うというひどいことをしていた。あるとき仏が鬼子に化け、それを女神が食おうとした時に、石榴を変わりに与えた。「石榴は人の肉と同じような味がする」からだ。こうして女神は、「偉大なる仏の知恵によって」子どもを食うことをやめ、以後は子どもの守護神として崇められるようになった。側には、子どもたちを守ってもらおうと願う両親たちによって、たくさんの子供服が供えてあった。これこそまさに異教徒の実践するところである。

やがて徳川三世［家光］の墓寺［大猷院《たいゆういん》霊廟］に達した。告白しなければならないが、彼が神として祀られているこの寺の敷地に、私は複雑な気持ちで足を踏み入れたのだった。彼は、キリスト教との闘いで、一〇万人ものキリスト教徒を殺し、何世紀にもわたってキリスト教を日本から根絶せしめていたからである。

この寺は、祖父の徳川一世［家康］のもの［東照宮］よりはるかに小さかったが、見事なものだった。ふたりの門番（仁王）がいる赤く塗られた門を抜けて中庭に入ると、聖なる泉、古い杉の木、葉の美しい楓があった。階段を上って鐘楼を過ぎ、雷と嵐の神の門（たくさん

《日光　二天門の像》

《日光の風神、雷神》

の太鼓を持った神と風を袋いっぱいに込めた神の像）［風神・雷神のいる二天門］を抜けていくと、金色の鷹の彫刻と四人の「天の王」［四夜叉］の像がある鬼の門［夜叉門］と言われる所に出る。本殿は亀に乗ったコウノトリ［鶴］、竹、桜の花、蓮などで装飾され、すべてが金色に塗られた青銅でつくられていた。天井は枡形に区切られ、一四〇の異なる竜が描かれていた。

われわれは寺の扉のところでしばし腰をおろして印象を確かなものにしていた。堂の中から僧が歌い始める声がする。われわれは耳をすまし、祈りの歌だとばかり思って聞いていた。すると、日本語の分かるウィンテル宣教師の耳に届いてきたのは、お経を読むように新聞を読んでいる僧の声だった。それもしなければならないことなのだろう。

同じ日そのあとで、ようやく日光の中心的寺院、徳川一世［家康］の霊廟［東照宮］を見た。南日本［筑前福岡］から運ばれてきた大きな石の鳥居をくぐると、高さ一〇四フィートの五重塔がある外庭を過ぎる。階段と比類のないほど巨大な木の扉がある門［表門］を行くと次の庭に出て、そこにはいわゆる「書類の建物」［輪蔵］がある。今は訪問客に閉ざされているが、仏の聖典がすべておさめてある八角形で回転する棚が秘められていることで知られている。祈る者が棚をひとまわりさせると、仏典をすべて一読したのと同じような「功徳」が得られるのだ。これなどは、異教の考え方を示す非常に興味深い一例になっていると思う。

さらにまた階段を上がって上の庭に達すると、そこには一〇八の石灯籠と、蓮花の形をした青銅の台座ならびにまったくすばらしい青銅の灯籠がいくつもあった。この庭の左手には「癒す仏」［薬師如来］のある小さな寺［本地堂］があり、そこには徳川一世［家康］が自ら祈りを上げ、戦陣にいつも持っていったと言う仏像が保存されている。けれどもそれは神聖すぎて、だれも目にしてはならなかった。けれども彼の鷹狩りの鷹の絵は見ることができた。天井には五〇フィートもある竜［鳴竜］が描かれ、それが巧みに配置されていたため、竜の頭の真下に立って手を叩くと、天井は独自の尾を引くような反響を与えて、あたかも竜の開いた口から音がもれてくるように聞こえるのである。そのかわりに、部屋のほかの場所にたって足を踏み鳴らしたり手を叩いたりしても、なんの反響もない。それほど巧みに仕組まれた謎めいたエコーを、世界中そこ以外で聞いたことがない。ありとあらゆる迷信がそれに付け加えられたのも、よく理解できるというものだ。

本殿に向かってさらに行くと、別の階段を上ってもうひとつの門、「光の門」［陽明門］をくぐる。この門は徳川の随身ふたりの絵で飾られていて、その華麗な彫刻で有名である。けれども、なるほどと思うが、神々の嫉妬を買わないように、四本の柱のうち一本の模様が上下逆さまになっていて、「魔除けの［逆］柱」と呼ばれている。「幽霊が出る」と言われる日本の家では、家の柱の一本を逆にすることはさほどめずらしくないようである。柱に住んでいると思われている悪霊は、逆さまにされると上下が分からなくなり、ついには家を離れると言われる。まったく異教徒はずる賢く、悪霊は間が抜けている。

この「光の門」［陽明門］の内側には、祭典のために小さなテントが張られ、二、三時間前には天皇の特使が、本殿に入って天皇のお供え物を運んでいく前にそこで祈りを捧げたのだった。左手の脇の建物には神輿が三つおいてあった。徳川一世［家康］とほかのふたりの軍人［源頼朝と豊臣秀吉］の魂が、例年の祭りの時ひとつの寺からもうひとつの寺に行列によって担がれていく時に乗り移ってくると言う。どの神輿も金箔が張り巡らされていて、前面も金の不死鳥で飾られていたが、とてつもなく重く、ひとつを担ぐのに七五ないし一〇〇人の男の力が必要とされた。

その次に入っていく本堂では、中央のお堂が例によって竜の描かれた太鼓と、真ん丸の金属の鏡と、魔除けの鞭と、金色の御幣によって装飾されていた。天井には竜と日本の三六人の歌人の絵が描かれていた。左右には小さな控えの間があり、そこで皇室の皇子や徳川家の者が徳川一世［家康］に祈りを捧げる。鷲や不死鳥などまことに見事な透かし彫りの彫刻で飾られていたこれらの部屋を、われわれは日本人の団体といっしょに見た。ひとりの日本人が、案内をしていた僧侶にささやきかけ、「そこのふたり、ロシア人ですか」と聞いた。その質問はウィンテルがとらえ、みんなに聞こえるような大きな声で、「ロシアなど、見たこともありませんよ」と応えた。ウィンテルが日本語を話せることがわかり、おもしろがるとともにびっくりしたようだった。そんな雰囲気の中で、一行は「いちばん神聖な場所」もしくは、近寄れる限りのいちばん神聖な場所に達した。ここで、日本人全員に（われわれは距離をおいていた）、徳川の魂に供えられていた酒が僧侶により小さな盃に注がれて信者に振る舞われた。この情景のことごとくが、異教がどんなものであるかの、小さいながらも一見

《家康の墓》

にしかず、いい教材になっていた。大体が、宗教的な観点からだが、国の偉大な人物を神にすること自体が情けない。ここでは三人の「神」が関連しているが、徳川信仰は、将軍職の創始者であった一二世紀の頼朝と、徳川家の前哨だった秀吉とが結びついている。この三人のうち、徳川一世［家康］がキリスト教を無慈悲に打倒した。自分の主人から権力を奪った頼朝と秀吉は、［一八九一年に『日本案内』*A Handbook for Travellers in Japan* を出版した］マレーによってそれぞれ「良心のかけらもなく非人間的」「ずる賢く、復讐心に燃えていた」と評されている。まったく立派な神の三羽がらすである。

横の院には、専門家すべてから褒めちぎられている眠り猫の彫刻があり、案内の僧が細かに説明をしたが、それは雌猫で、大阪のある寺にはその相棒の雄猫がいるとのことだった。そこからさらに石段を二〇〇段登っていくと小さな社［奥社］がある。亀に乗ったコウノトリ［鶴］の形をした灯籠、蓮の瓶と香炉、すべて青銅だが、それが墓所の入り口に立っていた。その背後に小さな高さ一メートル半ぐらいの銅の塔があり、墓への降り口になっている。よく保存されていて、三重四重に鍵をかけられた銅の扉の裏で、三〇フィートの梯子がお棺まで下りていた。お棺は石でできていて、これにも鍵がかけられている。徳川［家康］は穏やかに休むことができるにちがいない。彼の遺骨を盗んだりする者はだれもいない。

徳川の寺［東照宮］が完成した時、彼の遺骨は仮の墓から日光まで、見事な行列によって運ばれてきた。今では列車で東京の西［北］へ五時間ほどのところであるが、当時の行列は行程にひと月ほどを要した。それとほぼ同じ行列が、毎年六月二日に古い歴史的な衣装を着けて再現され、同時に徳川の神輿が寺から寺へ移されるのである。

行列が始まるまで、朝の間にしばらく時間ができたので、われわれは古い石仏が独特に並んでいる日光郊外の場所［含《かん》（憾）満《ま》ガ淵］まで出かけていった。大谷川の奔流が下の岩の間で飛沫を上げて流れていく。また強い水流の泉が地から沸き上がっていて、それが小さな滝のようになっている。その迸りと流れの中にあって、苔むした石仏たちがびくともせずに立って、というより座っているのだった。身体中に「南無阿弥陀仏」と小さな紙のお札が貼り付けられていて、祈りを覚えておいてもらおうと思った人びとが仏の膝にのせた小石でいっぱいだった。石仏はいくつも破損していたが、一〇年ほど前に男体山《なんたいさん》の大部分が突然中禅寺湖に向かって滑り落ち、湖の水が激しく岸から溢れ出し、おそろしい破壊力の津波が湖のはけ口になっていた大谷川に押し寄せたのだった。橋や家が流され、古い仏たちも免れることを得ず、いくつもが損傷し、流失してしまった。

帰り道で、村の人びとが行列用に古い歴史的な衣装を着ける様を見ることができた。衣装は寺から配布されるが、ある家々もしくは土地の持主は、男たちを何人か供出する義務があった。それは古い時代の一種の税金だった。われわれは、行列に出て何か報酬があるのかと尋ねてみた。「とんでもない、こんな商売をしても儲からないさ」と笑いながら答えが返ってきた。

一〇時くらいに三仏堂へ行った。そこで踊りが披露されて行列が始まる。上り階段を掃いていた僧に踊りはもうすぐ始まるのかと尋ねると、「もう一〇分過ぎているから、そろそろ始まるでしょう」と応えた。東洋では時は金ではないのである。

寺の前に舞台のようなものがこしらえてあった。筆頭僧侶が町の役人のような人たちを客にして出てきた。僧侶は紫色の僧服〔法衣〕と例によって半分の上着〔袈裟〕を着けていた。この「半分の上着」は時として非常に豪華であり（その時は赤い錦だった）、「ぼろ布」という意味である。禁欲的な僧侶は気の毒にもぼろ布を着て歩いている、ということであるが、「禁欲が歴史的に発展して」、原点には貧乏の概念があったにもかかわらず、かくも豪奢になった様子がはっきり見てとれる。

その間にも寺の上のほうの門が開けられた。寺の太鼓が、力強くゆっくりと二、三度打ち鳴らされた。筆頭僧侶と客人たちが寺の敷居の中に入っていく。すると踊り手が出てきた。ものの見事な衣装を着けたふたりの仏僧だ。襞のついた絹の袴に、苺色の短いが袖の長い上着、白い帽子が角のように巻かれて両側に延びている。そして背中には、古い刀が結わえ付けてあった。

ひとりが足を踏み鳴らし気取って歩きながらの踊りを始めた。腕や脚を伸ばし、半分しゃがんだかと思うとまた立ちあがって何かを探し求めるかのように舞台を歩きまわった。時折いきなり跳び上がることはあっても概してゆっくりしたテンポである。その間、五〜六人の僧が背後で延々と続くわけの分からない祈禱を歌っていた。

やがてもうひとりの踊り手が跡を継いだ。おびただしく高い五角形の帽子が渡された。彼はそれをたくさんの棒を使ってぐるぐる振り回し、とうとう頭にのせた。それから扇を取り出し、身を防ぐような、何かを追い出し追い払うような仕草をした。そこで踊りは終わった。正直な話、私にはなんの踊りかまったく分からなかった。

寺の外では、日光ホテルの客のために椅子がずらりと並べられたので、われわれもそこに席を取った。しばらくすると、一〇〇人あまりの白装束の男たちが大声で叫びながら「神木」を持って突進してきた。そして枝や葉を四方に投げ散らした。人びとはそれを拾い上げて身を飾った。男たちが寺に達すると、太鼓の音と鐘を鳴らす音がして、やがて長い階段をあがって行列がゆっくりと近づいてきた。

いちばん先頭には弱々しい表情をした無帽の僧侶が刀と扇を持って歩いてくる。それから白い縁飾りのついた青い着物を着た槍騎兵が二列になって長く続いた。半分が苺色の、もう半分が緑の肩衣を着け、全員が灰色の山形で大きな耳覆いのついた兜風の帽子をかぶっていた。腰には刀を差し、手には金色の槍頭の下に緑、赤、灰色の刀帯の付いた槍を持っている。

それに続いて行列の主人公、猿田彦が来た。赤くて鼻の長い仮面をかぶった男が、金色の槍を持って仮装している。神々をからかうのが目的なら、それ以上にふざけた容貌をこの先頭の神に与えることはできなかったろう。それからやたらに大きい獅子が二頭。模造の獅子

《猿田彦と獅子二頭》

皮を着け猛獣の仮面が赤い口を開いている。獅子の皮は一枚でもって中で「演じている」三人の男を覆っていた。そして非常に高い金色の帽子をかぶった僧と太鼓を持った音楽師が続き、その次がけばけばしい色のスカートに白いチュールの上着を着た四人の踊子で、白い帽子をかぶり両手に鈴を持っている。馬に乗った僧は、ひとりが緑でもうひとりは白い衣装。三頭の神馬には金色に飾られた鞍がのせられ、古式の奇妙な形の鐙《あぶみ》が付いていて、白装束の徒歩の付き添いに引かれていた。この三頭は、故人の英雄で今は神になっている三人のための馬である。その後を四〇〇人の歩兵が行く。先頭は古くて赤い火縄銃の入った箱を持った一団。次は二メートル半もある中世風の弓と重そうでおかしな形の箙《えびら》を持った一団。三つ目が、

《武士の行列》

細くて四メートル以上もある長い槍を垂直に立てて歩いている一団だった。これら三〇〇名全員が、昔風に美しく仕立てられた青い服を着ていた。最後の一〇〇名は胸当て鎧姿だった。両肩には幅広い盾、両膝にも同じようなものを着け、黒い漆の塗られた腕甲の鎖帷子《かたびら》は、赤い紐で結わい付けてあった。そして青い環のついた細いズボンをはいていて、だれもが長くて重い刀を持っていた。

その後ろから、真っ赤なクレープ［生地］の服を着て頭に真鍮の冠をのせた一二人の小僧が続いた。冠には花束と大きくてピカピカに磨き上げられた動物が飾られていたが、それは中国の発想から成る十二宮［十二支］を表していた。十二宮に続いていたのは仮面の男たちだった。赤と灰色の衣装の一〇〇名がそれぞれみな異なった仮面をつけていた。けれども仮面は顔につけていたわけではなく、真っ赤な帽子の下の部分の額に結わえつけてあった。それから固い見事な扇子の旗を持った黄色い衣装の僧。太鼓叩き。さらに一一の旗が、いずれも白装束で黒い帽子をかぶった五人の男たちに運ばれていく。馴らされた猿を連れた男。古い貴族の衣装（黒くて細いズボンをはいて青と黒の縞模様の服に大きくて高い黒い漆の帽子）を着けた僧が一〇人。白いズボンの上に黄色の絹の上着を羽織った五〇人の僧。太鼓や笛や鉦《しょう》を持ったひどく飾り立てられた音楽師たち。鷹を連れた深紅色の衣装の鷹匠。それからまた乗馬姿の黄色と青の衣装の僧。付き人がかざす大きな丸くて赤い日傘の下を行く黒装束の僧。騎士のいない、鞍をつけられた馬。

金の御幣の後から、ようやくてっぺんに不死鳥をのせた徳川一世［家康］の神輿がやってきた。白装束の一〇〇名がかついでいた。神輿が近づいてくると、見物客は掛け声を浴びせて歓迎し、担ぎ手たちに小銭を投げた。すると、灰色の服を着て尖った帽子をかぶり赤い猿の面をつけた三〇人の子どもたちが、器用に飛び回って小銭を拾って袋に入れていた。担ぎ手たちは時々立ち止まり、激しい声を張り上げたかと思うと肩から神輿を空中に持ち上げて両腕で支えた。そしてまた担いでいった。

それよりあまり距離をおかずにあとのふたつの神輿も続いていく。どちらも、徳川一世の

《神輿》

ものと同じく金の御幣を前にしていた。担ぎ手たちは喘いで汗をかいている。大きな団扇を持った男たちが脇を歩いて担ぎ手たちに風を送っていた。緑の装束の僧と白の装束を着たふたりの僧が馬上から担ぎ手たちに付き添っていて、それが全部で一〇〇〇人近く参加していた行列の最後尾だった。
こうして私は、古い日本の神道のもっとも華麗なものの一部を見ることができたのだった。一言で言えば、民衆生活の絵として、それは見事で興味深いものだった。歴史的見せ物としては一級品で、日本人の洗練さと行事を行なう才能を見せつけていて、国民精神を発揚するのに適していたにちがいない。けれども宗教的観点から見ると（それはまさに宗教に関していたことを忘れてはならない）、正直言って、抜け殻の神輿と乗り手のいない馬同様に、空虚なのだった。

＊17

天皇が、神格化された徳川の霊魂のために特使をつかわした、という記述は、現代の天皇家のイメージからはありえないことのように思われ、違和感を覚えるのが自然な反応であろうが、東照宮に祀られている家康はあくまでも神道の「神」であって、東照宮の祭典に天皇が特使を送っても別に不思議はなかったであろう。

Ⅲ　指導者たちとその性格

薗田《そのだ》宗恵《しゅうえ》博士

薗田宗恵（一八六二～一九二二）明治・大正期の浄土真宗本願寺派の僧侶。和泉《いずみ》で生まれる。旧姓は浅井。帝国大学文科大学卒。和歌山妙慶寺薗田香潤の養子となる。本山の文学寮教授となり、のちに寮長。一八九九年にアメリカでの最初の開教師としてサンフランシスコに派遣され、帰国後、一九〇五年に仏教大学（現・龍谷大学）学長となり、一一年に勧学、一二年に学長を辞任したが一五年に再任した。著書に『聖徳太子』（仏教学会、一八九五年）ほかがある。一九一一年には、仏教大学で学長を務めていた。
写真：薗田宗恵著／薗田香勲編『薗田宗恵米国開教日誌』法藏館、一九七五年）所収

京都には帝国大学と、キリスト教大学と仏教大学がある。仏教大学の学長は薗田博士で、私と会見する機会を作って下さった。彼は僧衣姿で片手に数珠を持ってわれわれを迎えた。

まず［仏教］大学についての情報を受け取ったが、大学とは言え、むしろ仏僧のゼミで、それも日本の仏教全体のためのゼミではなく、真宗の西派［本願寺派］だけのものだった。したがって、この教育機関を大学と呼ぶのはふさわしくない（その点はキリスト教大学の同志社も同様だ）。[*1] 目下三二五名ほどいた正規の学生は、各地の寺で準備をしてきた後、たいがい二〇歳で大学に入学してくる。五年教育で、二年が予科で三年間の宗教教育が続く。科目は教義学、プロパガンダ、アドミニストレーションである。比較宗教学はほんの少ししか教えられない。語学も詳しく教えられず、サンスクリット、パーリ、チベット、モンゴル語をすべてひっくるめて予科では一週二時間、三年間の本科では一週三時間教えられるだけである。

その後でわれわれは、薗田博士に仏教の将来について意見を求めた。その答えはひとことで言えば、「その形式は発展し、物質的な要素が減ってもっと精神的になる」ということだった。

仏教の発展と将来性を信じているのなら、仏教はキリスト教よりどんな点で一歩進んでいるのか。

この質問は、対話に長い沈黙をもたらした。薗田博士は考えていた。われわれは好意的にも、質問の角度を何度か変えてみた。われわれはもちろん、その質問に対してわれわれの視点からならどう答えるかは分かっていたが、彼の視点からはどう見るかを知りたい。彼は日本の仏教問題では、指導者のひとりとして見なされている。だから彼の答えは意義深いのだ、などという風に。するとようやく彼は口を開いた。まず、個人的にはキリスト教をあまりよく知らない、という言い訳をした。それを聞いて私は、キリスト教問題は日本では大きな話題の一つになっていたので、おどろいてしまった。日本の精神界の指導者たる者が無視できることがらではないだろうからである。彼は答えを続けて、「仏教が優れているのは、私の意見では、ほかの宗教を取り入れることができることです。その点キリスト教は他宗教を排除します。諸民族の多彩な国家宗教と結合できるという仏教の能力が、これをまずまちがいなく世界宗教にしているのだろうと思います。深いところで諸民族の国家的財産になる可能性を秘めているのです。一方、国家宗教を追い払うキリスト教は、おうおうにして諸民族にとって異質なものと見なされてしまうのです」。

同時に薗田博士は、彼の意見によれば、そうした仏教の長所が弱点であることもみとめた。異質な要素をあまりにも多く受け入れようとするからで、日本はまさにそうしてきたのである。したがって、こうした無価値な要素を粛正することが、なされなければならない「発展」なのであると。

仏教の融合能力が、彼の言うように無限界ではなく、仏教それ自体の根本的なものに限界があるのなら、その点では結局のところキリスト教と本質的に違いはない、と私は応えた。なぜならキリスト教も異教徒宗教の真の要素ならびに諸民族の文化と同化する能力を備えており、それだけでもキリスト教を諸民族の間で異質なものとしてではなくなじみ深いものとすることができるのである。

薗田博士は、かりにキリスト教が異質の文化を取り入れるという能力を持っているとしても、それは少なくとも日本ではまだ実現されていない、という意見だった。宣教師たちは、日本の文化に対して、社会的な面でも知識的な分野でも、ほとんど注意を払ってきていない。もしかすると薗田博士はその点では正しいかもしれない。最初のパイオニア的な宣教師たちが、その気持ちは分かるのだが、福音書の新しい側面を強調しようと熱心になりすぎたために、キリスト教と平和共存できたはずの異国の特色点を踏みにじるようなことをしてしまい、それがかなり継続的な現象になっていた。けれどもひとつだけ確かなのは、キリスト教と異国の文化を完全に融合させるのは、外国人宣教師の問題ではなく、その土地のキリスト者の課題である点である。宣教師たちからは、その同化を妨げないようにすること以外、望めないのである。およそそういったことを私は薗田博士に強調した。最後にわれわれは階段を下りて大きく開けた広場に出て、出口の門に向かった。その途中で薗田博士は、かつてスカンジナビアを旅行したことがあり、その折にコペンハーゲンでV・ファウスビョール教授［Michael Viggo Fausbøll, 1821–1908 インド言語学教授］と会ったことがあると言った。[*2]

彼は教授の学問的な仕事について非常な賛辞を述べたのだが、それがいったいだれなのか、［その時には］よく分からなかった。ふつうのデンマーク人の名前が、日本人の口にかかると、おかしなことになってしまうのである。「ふつうの日本人の名前」も、デンマーク人が口にすれば同じようになってしまうのだろうと慰めるよりほかにない。[*3]

＊1
仏教大学、同志社大学のいずれをも大学と呼ぶことにウィンテルは疑問符を付けていた。スコウゴー＝ピーターセンは、仏教大学については、初めから「この教育機関を大学と呼ぶのはふさわしくない」としていたようだが、さらに、「(その点はキリスト教大学の同志社も同様だ)」と括弧付きで改めている。ウィンテルは、同志社がアメリカから多額の融資を受けたことを指

摘して、将来を見てみようと言っている。

＊2

薗田宗恵は一九〇一年七月にコペンハーゲンで、一八五五年にパーリ語の法句経を初めて世界に紹介した権威ファウスビョール教授を訪れた。「滞欧日誌」（薗田宗恵『米国開教日誌』法蔵館、一九七五年所収）には「フヲースベール先生」と表記している。

＊3

スコウゴー＝ピーターセンと薗田博士の対話で興味深いのは、キリスト教という「異文化」を熱心に与えようとする側と、それを受け入れる日本側との間ですれ違いが生じ、「対話」がうまく成立していない点が明るみに出されていることである。薗田博士自身、アメリカで浄土真宗の「布教」を実践し、「土着」の西洋キリスト教文化的伝統を前にして、仏教という異文化を提示して説明することがいかに困難であるかを体験していただけに、その逆を明治日本で展開していたキリスト教宣教師たちの原理主義者的な純粋さには、失敗を予感させる要素を見出していたに違いない。土壌を変えるわけにはいかないので、土壌にいかにうまく適合して芽を出させるか、それが問題であり、その知恵は、土壌をよく知っている者から得るよりほかに道はないはずであろう。相手の視線を取り入れる重要性を、薗田博士は示唆していたのではなかったろうか。

村上《むらかみ》専精《せんしょう》 先生

村上専精（一八五一〜一九二九）明治・大正期の真宗大谷派の僧。仏教史を近代的学問体系の枠組みで研究。丹波生まれ。旧姓広崎。愛知入覚寺の養子となり村上姓に改姓。曹洞宗大学林（現・駒澤大学）、哲学館（現・東洋大学）などで教える。一八九四年に鷲尾順敬らと『仏教史林』を発行。代表的な著作に『仏教統一論』（一九〇一〜〇五年）があり、大乗非仏論を説いて僧籍を返上したが、のちに本山から講師号を授けられた。一九一七年東京帝国大学インド哲学科教授に就任。二六年大谷大学学長。

一九一一年には、一九〇五年に創設した東洋高等女学校（現・東洋女子高等学校）の経営に携わる一方、東京帝国大学でインド哲学の講師をしていた。

写真：村上専精『六十一年――一名赤裸裸――』（丙午出版社、一九一四年）所収

非常にためになった晩を、東京帝国大学仏教哲学科の村上教授のもとで過ごした。私の訪ねたほかの多くの人たち同様、彼も東京郊外の住宅街に住んでいた。例によって面会の約束を事前にしてあったので、われわれはひどい雨だったにもかかわらず出かけていくことになった。玄関口で名刺を渡し、長いこと待たされた。ようやく学生が現われて、「通訳を連れてきていますか」と聞いた。村上教授は英語を話したくないと言う。ウィンテル宣教師が

いつものように通訳をするために同行しているので、心配ないと告げた。学生が姿を消した。それからまた延々と待たされた。それからやっとまた現れて、われわれを手招きした。靴下のままでわれわれは畳の部屋に抜き足で入っていった。一フィートほどの高さの長方形のテーブルのまわりの床に、平たい枕〔座布団〕が三つおかれていた。部屋は、額に入れられた昔の有名な仏僧自筆の書がいくつか、著名な友人たちから受け取った手紙が貼り付けてある屏風、剝製の雉、何冊かの図書で飾ってある。

村上教授が入ってきて、われわれは席に着いた。

彼はなんとなくサヴォナローラ〔ジロラモ・サヴォナローラ Girolamo Savonarola, 1452–98 イタリアのドミニコ会修道士で、フィレンツェで神権政治を行なった〕を思わせる荒削りな禁欲主義者然とした顔をしていたが、サヴォナローラ流の炎と熱情は欠けていた。最初のうちは少々口が重く、内にこもっているようだったが、それは会話が進むうちに消えていった。

「仏教の立場は今、以前と比べて非常に変化している」と彼は言った。

「四〇年ほど前の維新直後は、「廃仏毀釈!」と叫ばれた。徳川将軍時代は、仏教は国教だったのだが、将軍制度が廃止され、仏教もそれに従った。けれども、これといったことをする必要があるとはだれも思わなかった。仏教はいずれ畳の上で自然死するだろうと思われていた。

それから一〇年経って情勢が変わった。「仏教が死ぬ」のかわりに「仏教が発展する」と言うようになったのである。そして、ユニテリアン主義［三位一体説を排し、キリストの神性を否定する］のような方向に進化するだろうと言われたが、現在はまた情勢が変わって、仏教が死んだり進化したりすると思う者はひとりもおらず、仏教は今のままで現状維持、ということになった。

科学が科学であり、哲学が哲学であるように、宗教も宗教で、科学や哲学に「発展する」ことはない。宗教はそれ自体特別なもので、ほかのものに変化することはない。宗教においては、空言や偶然を使うのではなく、変化することのない心理的で歴史的な事実を扱っているからである。」

宗教一般に関する彼のこうしたコメントは、彼がキリスト教と仏教との関係をどう見ているかを尋ねるきっかけを私に与えてくれた。

彼は、「哲学的に見た場合、両宗教は同じである。けれども「歴史的感情」というのがあって、それが西洋ではキリストを、東洋ではブッダを崇めるようにした。これは変更することができない。キリスト者であるということ自体、西洋と東洋では明らかに相違しており、それも歴史的感情に決定されているのだ」と答えた。

私はさらに尋ねて、「仏教とキリスト教を同じものだと見なすそうですが、それではブッダとキリストも同じだと見ているわけですか」と言った。

「そうではなく、ふたりともさらに高等な存在と同調しています。ふたりの背後にあるものが同一なのです」と彼は答えた。

私は残念ながら、ブッダとキリストの背後にいるという同じでさらに高等な存在が何物であるのかについて、それ以上詳しい説明を求めるだけの心の平静を持ち合わせていなかった。それでも、汎神論的で水を濁したような答えは受け取ったわけだった。[*4]

私の次の質問は、仏教の諸宗派についてだった。「日本に多数ある仏教の宗派が、近い将来に融合すると思いますか」と尋ねた。

「そうは思いません」と彼は答えて続けた。

「ここでも歴史的感情が決定要因になっていて、それは変えることができません。諸宗派はそれぞれに存続するでしょう。それにもかかわらず、一種の融合はあると思います。小規模な宗派は、見失われたりしないように、相変わらず大きくて指導的な宗派の模倣をするに違いないからです。そのようにして、宗派間の違いはあっても、仏教の間で統一的な要素が進展するようになるのです。

日本で現在いちばん強大な宗派は真宗です。私がそれ［真宗大谷派］に属しているからそう言うのではありません（実際問題として、真宗の多くに私は不満です）。事実そうだから言っているだけです。真宗の強大な力は、私の意見では次の五～六点によって［支えられて］います。

まず、その教えは非常に単純で分かりやすい。もちろんそれはほかのいくつかの宗派にもあてはまることは認めます。真宗の僧侶と信徒にはかなり自由があり、妻帯と肉食が許されています。真宗の開祖はほかの宗派の開祖たちの多くとは別の仕方で尊敬されています。僧職は真宗にあっては世襲制になっていて、それには暗部もあるのですが、全体的に言って、民衆はそのために僧侶により近しくなり、親密感を抱きます。それから最後になりますが、ほかの仏教のどの宗派と比べてみても、真宗ではより多く説教がされています。おもしろいことに、これは歴史的に見て説明ができるのですが、ほかの宗派がみな徳川時代に米やほかの自然物でもって一定の税を［徴収する権利を］受け取っていたのに対し、強大だったために徳川が抑えようとしていた真宗は、民衆に説教をすることによって寄進を受けて生き延びることを余儀なくされていたのです。民衆は説教にも物乞いにもいずれうんざりするようになり、真宗は衰退するだろうという思惑があったのですが、実際には、真宗を滅ぼすべきまさにその説教が、返って真宗を強め発展させることになったのです。

端的に言えば、真宗が優越している理由は、その「馬鹿げた」ようにも見える教えが、実はまことに深遠で、まったく不思議なほどに仏教のあらゆる側面を包括しているのです。」

私は最後に村上教授に、真宗にはそれほど深遠なものがある一方でまちがったものがたくさんあるとはっきり認めていながら、なぜ仏教の発展もしくは改革を信じていないのか、そのわけを尋ねてみた。

それに答えて教授は、「そのとおりで、いろいろとおかしな点があります。たとえば、宗主が神のように崇められていることです。宗主が威厳ある人物である限りは問題ありません。けれどもある日、そうではない宗主が現れたときは大変です。これは変革されるべき点のひとつなのですが、どうしようもありません。だめなことだと思ってため息をつくばかりで、変えることができないのです。保守派が真宗の財産を握っていますから、改革派が「脳」を持っていても、どうにもできないのです」。

この悲観的な発言でもってわれわれの対話は終わった。年老いた教授は親切にもランプを手に持って開かれた戸口に立った。人力車が表の門を出て曲がるまで、ランプの明かりが雨と闇を照らし出していた。

以上紹介した教授の発言に対して批判を加えたいのは山々だが、それは事情に詳しい読者に委ねることにする。

＊4

宗教学者ではなく、異文化交流を研究する訳者の観点から言えば、仏教とキリスト教がいくら互いの「神」、ブッダとイエスの存在を否定しようとも、それは不可能であると思う。ユダヤ教やイスラム教、ヒンズー教も含め、一神論や多神論を問わず一宗教の排他性がしばしば暴力的な反応を呼び起こすのは、自らの純粋性を追求せんがためであるが、他宗教否定の試みは遅かれ早かれ必ず挫折する運命にある。他者の信仰を根絶することなどできないからである。宗教間の紛争を避けるためには、宇宙規模の汎神論的な枠組みの中で互いの宗教との平和共存を容認する状態が最善かと思われるが、それは理想もしくは夢想であろう。その点、日本の民間信仰に潜む自然信仰は、宗教的信仰というよりは教義のない「信心」であり、どんな宗教よりもはるかに大らかで、かつシンプルである。けれども、宗教的な規範がない分、とりとめがなく、ひとたび狂信的な枠組みの中に取り込まれると歯止めが利かなくなってしまう。

A・ロイド教授

アーサー・ロイド（Arthur Lloyd, 1852–1911）聖公会の宣教師。一八八四年に来日。福沢諭吉の家で家庭教師をした後、慶應義塾（現・慶應義塾大学）などで英語を教えるかたわら、慶應義塾内で「希望教会」を創設した。一時英国に帰国した後、立教大学の総理を務める。これを一九〇三年に辞任し、ラフカディオ・ハーンの後任として東京帝国大学で英語を教える。尾崎紅葉『金色夜叉』などの訳者としても知られていた。
一九一一年に東京で亡くなっているので、スコウゴー＝ピーターセンはその直前に対話をしたことになる。
写真：国木田独歩著／一橋会英語部編『英訳独歩集』（英語研究社、一九一三年）所収

先の日本の代表的な仏教者ふたりとのインタビューの延長として、アーサー・ロイド教授との対話をここに挿入しておく。ロイド教授は仏教史に非常に詳しく、彼の著作〔*Shinran and his work*, 1910 など多数〕がそれを証明している。

かれはもともと聖公会の宣教師だったが、おそらくそのカトリック教的傾向のために脱会し、今では東京帝国大学で〔英語〕教授を務めている。本願寺の僧侶たちとの会合から帰ってきたばかりだった。彼はもうひとり語学のできる友人とともに、一週間に何回かその僧侶

たちと会い、共同でもっとも古い仏典（三世紀初めの中国語の仏典で、紀元二二〇年頃までのもの）を読み解き翻訳する仕事をしている。

ロイド教授は以下のように述べた。

「私の使命は、仏教とキリスト教との関係という大問題を解明する史料を集め出版することです。この件に関する私見は次のとおりです。

原初仏教がどんなものであったかを言うのは、周知のように大変困難です。けれども、仏教を年代的に確定できる時点から、これは私見ですが、すでにキリスト教から影響を受けています。禁欲的な自己修練を救済の道とする立場が退いて、ブッダの功徳と来るべきブッダを信ずるようになるのです。この影響は当然のことながらかなり早い時期におこりました。いずれにしろ、一三世紀に日本にもたらされた仏教（真宗）とネストリア派のキリスト教との関連は証明することができます。真宗の開祖は徹頭徹尾七世紀の僧、善導［六一三〜八一］の経典に基礎をおいていましたが、善導は、中国にいたネストリア派の牧師と協働していたことが知られています。*5

こうした歴史的なつながりのために、われわれが今知っている仏教は、キリスト教と多くの接触点を持っているのです。それがキリスト教への橋渡しになるかもしれません。仏教には、三位一体、救世主、再来の影がさしています。

多くの仏教者がこの共通点を強く感じていて、彼らが影として受け取っている分をわれわれは現実として持っているのだと、比較的容易に見なすことができるのです。ですから、私個人の見解では、仏教はますます自身の深遠な根本的思想を軸に集合し、通俗的な偶像崇拝ほか多数の逸脱から遠のく道を行くようになるでしょうし、行くべきだと思います。

一部の宗派は、キリスト教のもっと「リベラル」な形を選ぶことによって福音を信ずるまでの道へ移行ことになるかもしれません。たとえば禅宗の追随者たちは、新しいリベラルな神学に強く惹かれています。けれども彼らはそこに留まろうとはしません。リベラルなキリスト教観に飽き飽きしつつあるのです。一見明白なようですが、それは非常にあいまいな、どっちつかずの立場を取っていて、いずれは満足させることができなくなるのです。これはすでに多くの人びとが感じていることで、私も最近、かなり奇妙な証拠を得ることができました。真宗、浄土宗など多くの宗派の場合、古い教会キリスト教［福音派の歴史的キリスト教］への道は、「リベラル」な迂回をすることはないと思います。これらの仏教者は、自身の信念の線を延長することによって、ごく自然に、福音派キリスト教こそ自身の信念を満足させるものであることを発見するはずです。」[*6]

ロイド教授は、ただキリスト者の信念を持つ者としてではなく、自分の証拠より一歩進んで歴史的な問題として取り上げなければという、学者の真摯な関心をもってこれらすべての議論を展開していた。そのために教授は、これこれは私の個人的な意見だと、機会があるごとに強調していた。そして最後にほほえみながらこう付け加えた。

「あなたがたは、これはあまりにも楽観主義的な見方だと思うかもしれません。確かにそうかもしれません。けれども、忘れないでいただきたいのは、最終的に世界を救済するのは楽観主義者たちなのです。」

＊5
親鸞は京都西本願寺に宝物として保管されている「世尊布施論」を読んだと言われている。「世尊布施論」は景教（キリスト教ネストリウス派）の経典で、七世紀に中国の景教徒によって漢訳された。「世尊」とはイエスのことで、内容はイエスの「山上の垂訓」であるとされている。

＊6
なお、この項の情報は、ウィンテルによって提供されていた。

リベラル神学は、言わば修正プロテスタント。一方、正統派と見なされているのは、聖書の霊感が救いや信仰だけではなく歴史や科学の領域にも及んでいると信じて古いキリスト教の信仰を守る福音キリスト教である。福音派では、神の言葉である聖書が最終権威である。一方リベラル神学は、聖書本文の批評的な解釈を支持し、進化論等の科学的な見方を受けいれるとともに、聖書中の神話的な要素をすべて歴史的史実とはとらえず、むしろ宗教的な寓話と見る。ここではキリスト神性が否定され、聖書を解釈する人間理性が最終権威とされる。日本のリベラル神学の代表は日本組合基督教会の海老名弾正牧師である。日本のプロテスタントには、両者の中間に準正統派と呼ばれる流れがあり、これは聖書の無謬性を否定するが、キリストの神性は認めている。代表は日本基督教会の植村正久牧師である。

柳田友信『日本基督教史』（聖書図書刊行会、一九五九年）ほかを参照。なお、本書の宮川経輝（一六一～七頁）、小崎弘道（一七七～八一頁）の項も参照。

大阪市長植村《うえむら》俊平《しゅんぺい》氏

植村俊平（一八六三〜一九四一）政治家。一八八六年に東京大学法学部を首席で卒業。九二年に代言人（弁護士）となり、英吉利法律学校（現・中央大学）などで講義する。日本銀行文書局長を経て住友に入社して支配役になり、その後鉄道庁の理事などを歴任した。一九一〇年八月に第四代大阪市長に就任。鉄道事業に関する知識を生かして市電の整備に尽くすが、一二年のミナミの大火の焼け跡に市電を通す問題で大阪府知事と対立し、同年市長職を辞任した。一三年大阪株式取引所理事長に就任。

一九一一年初夏は、市長に就任してからまだ一年足らずであった。

写真：大阪市・大阪市電気局編『電灯市営の十年』（一九三五年）所収

うれしいことに、短い大阪滞在中に、この町の市長植村俊平氏に会って話をすることができた[*7]。その地位のために非常に影響力が強いだけではなく、植村氏は近代日本人の典型的な人物のひとりでもあり、正しい思考力を持ち、真摯で、日本に関わる案件にはことごとく熱情的で、個人的にはＹＭＣＡの友でもあるが、キリスト教に対してはアウトサイダーである。

午後一時半の約束だったので、時間きっかりに行ったが、勤務中のことだったのでよくあることだが、面会が許されるまでしばらく待たされた。待ち時間は有効に使われ、お茶が出され、市長の秘書と話をすることができた。秘書は大阪についてのイラスト付きの本を見せてくれ、記念に持ち帰るように言ってくれた。

市長は小柄だが体格のいい人物で、非常に自然で、性格も慎ましい印象を与えた。以下、彼の発言をまとめて紹介する。

「われわれ日本人は、欧米人の多くが思っているほど好戦的で血なまぐさくはありません！　われわれの歴史に戦争や敵対が多くあったことは確かです。それは一部には、わが国の封建時代が西洋の封建時代に比べてはるかに長く続いていたことと関連しており、封建制度にあっては、戦争はほぼ必要不可欠だったことによります。私が思うに、これら封建時代の戦争はわが国民になんらの不幸も与えたりしませんでした。それどころか、それを通じて、近代にいたって必要に迫られることになるわれわれの存在のための闘いをすべく訓練され鍛え上げられてきていたのです。けれども、好戦的では決してありません。われわれは今、われら自身の発展のために力を総集したいと思っているのです。

私は個人的には西洋からの強い影響が日本の国民文化にとって危険であるとは思っていません。人口五〇〇〇万の国民には自らの固有性を失う心配はありません。西洋文化がわれわれに押し寄せたのは本当ですが、日本が外国の影響を受けたのはこれが初めてではありません。外から受け入れながらも自己を保つという課題には無知ではないのです。われわれはかつて、今西洋から受けているのと同じような具合にインドと中国からの精神的潮流に流されたことがありましたが、それでわれわれがインド人になったり中国人になったりしたわけではありません。」*8

彼が心から熱望している近代日本の発展に対するキリスト教の意義について質問したところ、次のような答えが返ってきた。

「われわれはキリスト教を必要としています。私自身はキリスト教のことをよく知りませんが、イギリスで以前キリスト者の男女に会ったことがあり、かれらが福音に対する深い尊敬の念を植え付けてくれました。仏教も神道も、現今の日本が必要としている倫理的な刺激を持ち合わせているとは思えません。キリスト教の影響が日本中のあらゆる方面に広がるならば、私にとってこんなにうれしいことはありません。けれどもそうなるためには、キリスト教は自身の信仰の核を失うことなくもっともっと日本の文化に融合すべきだと思います。」

東洋、特に日本において、この最後の部分のような発言を頻繁に耳にするのは驚くべきことである。キリスト教が持っている真実からヨーロッパ固有のアーリア風の衣装を脱ぎ捨て、オリエンタルな服を着せてなおかつ真実を損なわず、飾らず、歪めないこと、それはいろいろな点で目下の宣教師の、いや教会史全体の根本的な問題である。そしてこの問題は、福音書のもっとも肝要な点にきわめて個人的に集中することによってのみ実際に解決される。あまり重要でない部分を手放す分だけ、肝要な点がさらに貴重なものとなるのだ。

宣教師たちの若い世代はこの問題を明確にとらえていた。植村氏と話をしたのと同じ日に、ひとりの若い宣教師が私に次のように語った。

「日本に来た当初、私は見映えの悪い日本の砂糖菓子についてあざけるようなことを言っていましたが、実は一度も口にしたことがなかったのです。今はそれを味わい、とても気に入っています。日本における宣教の仕事も大体同じような具合でした。最初のうちは、何も知らないのに日本の習慣やしきたりを非難していました。それが日本におけるキリスト教の仕事に取り返しのつかないほどの害を与えたのでした。何らかの形で影響をおよぼそうと思うのなら、日本の精神生活について知らなければなりません。それがわかってくると、気に入ることがたくさんあるのです。」

この言葉は、若い世代の宣教師の声を代言するものだと思う。問題のありかが目に見えた。その解決のために、神よ、知恵を貸したまえ。あらゆる問題には、周知のように、ふたつの溝がある。問題は宣教師たちだけのものでなく、宣教される人びとのものでもあるからである。

対話が終わり人力車に乗って市庁舎をあとにした時、私の頭を離れなかったのは、植村氏のような人物がキリスト者になろうとしないのは何が要因なのか、文化的要請があまりにも強いためなのか、ということだった。文化的要請も、無意識のうちに福音に対する言い訳になりうるはずだ。

＊7

ウィンテルは、スコウゴー＝ピーターセンが植村俊平の姓と名を取り違えていることを指摘していた。さらに、原稿のどこで取り上げられていたのかは判然としないが、伊藤博文がすでに（一九〇九年に）亡くなっていることもここで指摘しているが、スコウゴー＝ピーターセンは伊藤博文に言及していない。

＊8

「外から受け入れながらも自己を保つという課題には無知ではない」と植村俊平市長は言うが、これはさらに、「自己を保てる範囲でしか外からのものを受け入れない」と言い換える必要があると思う。かつて日本が仏教を受け入れた時には、その宗教だけではなく、仏教文明の総体を日本に導入し、政治や文化あらゆる分野で改革を推進させていった。鎖国までの一〇〇年間、日本はカトリックキリスト教に触れ、南蛮文化を享受したが、徳川幕府はキリスト教を拒絶し、西欧文明から遠のいた。

それが明治になってからは、内村鑑三がいみじくも看破していたように、キリスト教を容認しながらも採用はせず、西欧キリスト教文明だけを巧みに学んで文明開化を成し遂げたのだった。内村鑑三「日本国の大困難」(『聖書之研究』三五号、一九〇三年)を参照。

東京市長尾崎《おざき》行雄《ゆきお》氏

尾崎行雄（一八五八～一九五四）明治～昭和期の政治家。相模生まれ。一七歳のとき、慶應義塾の聖公会のカナダ人宣教師で英語教師のA・C・ショーよりキリスト教の洗礼を受ける。慶應義塾中退。一八八二年立憲改進党の結成に参加。九〇年第一回総選挙で当選して以来、日本の議会政治の黎明期から戦後に至るまで連続当選二五回を果たして衆議院議員を務め、「憲政の神様」「議会政治の父」と呼ばれる。一九〇〇年に立憲政友会に参加し、一九〇三年から東京市長を務める。一三年に憲政擁護運動の中心となり、のちに普選運動の先頭に立つ。戦時中は無所属の立場から翼賛選挙を批判した。戦後、名誉議員の称号を贈られた。

一九一一年、尾崎行雄は東京市長として活躍していた。

写真：尾崎行雄記念財団所蔵

東京滞在中の一日、東京市長尾崎氏に面会することができた。日本における議会主義の先頭を行く有名人で、本人はキリスト者ではないにしろ、公然とキリスト教の仕事に対して理解を示し助力をしている日本人のひとりである。[*9]まだ日本に言論ならびに出版の自由がなかった一八八四年に、彼はしばらく日本を離れイギリスに滞在せざるを得なかった。

私は彼に、現今の日本の社会環境について少し話してくれるよう、お願いした。

「社会問題は、現在のところ労働者階級ではなく学生たちの間にあります。西洋で理解されているような失業［問題］は今のところ知られていません。「下からの」社会問題は、わが国ではまだ熟していないのです。西洋と比べて、個人主義はまだ規模が小さく、家族間の手助けや協力関係がその分大きいのです。それにわれわれは今、基礎を築く最中にありますから、労働力を無限に必要としています。さらに、貧しい者たちは大体がまったく［まともな］学校教育を受けておらず、ほかにも道があるということなど思いもつかないのです。何かを要求しようという気持が少しもわいていない。

けれどもこれはみな、［社会の］発展が要請するところに従って変化していくでしょう。われわれは遅かれ早かれ西洋が面しているのと同じ労働問題に直面するはずですから、それに対応し、できることなら先取りする準備をしています。最近［三月に］工場法が制定されましたが、西洋の工場法のように徹底していないながらも、いい一歩だとは言えます。

けれども、さきほど言いましたように、現在の社会問題でいちばん深刻なのは学生たちです。学生の数が多すぎます。毎年何万という学生たちが専門学校や大学を目指して東京へやってきます。そして学校を終えると、政府の職に就いて当然だというような要求を全員がしてくるのです。この観点は、以前の古い体制［徳川幕府］の時ならびに今の政府の当初の状態と関連しています。

古い体制にあっては、貴族階級（侍）のうちのだれが学ぶべきかは政府［幕府］が決めていました。当時は中央の大学はまだ存在していませんでしたから、学問は、大名（藩主たち）が開いた学校で行なわれていました。たまに哲学者［儒者］が弟子たちを周辺に集め、ごく個人的なレベルで人生の問題などを取り上げていました。

しかしそれはあくまで個人の活動であり、それでもって政府の要職に就くようなことはできません。公式に学ぶというのは、政府によって指名された者たちの特権でしたから、当然のことながら後に就職し政府によって給料を支払われたのです。

この制度は維新とともに廃止されました。学問は自由になったのです。学問の道を進むかどうかは、個人が自由に選択できることになりました。当然ながら、そこで政府の義務もなくなったわけです。けれども、新しい時代になったとはいえ、初めのうちは実際のところまったく同じ結果でした。その当時政府は大学卒の者を大量に必要とし、大卒者を全員使うことができました。そのため一般人には、政府は大学を終えた者をすべて養う用意があるような意識が根付いてしまったのです。その結果が大卒者の余剰生産です。だれもが学びたいと思うようになり、今はおびただしい数の学生がいますが、仕事を見つけることができなくなっています。

彼らの家族が、学資をつぎこむために大変な犠牲を払ってきていたために、問題ははるかに深刻です。大学を終えた者が、卒業後にたやすく妻子のみならず両親、祖父母、兄弟姉妹など親戚一同を養ってくれるだろうと思いこんでいたからです。

ところが失業した学士にそんなことができるわけがありません。失業していない者さえ、そんな芸当はできないのです。なぜなら、多くの場合、月給六五～七五クローネぐらいの小さな役場の職に甘んじざるを得ず、それはほぼ、彼らが学生時代に毎月使っていた金額に相当しています。家族のためにどのくらいの余裕があるか、これでよくお分かりかと思います。

その結果が、学生のみならずその家族たちの不満です。これら半分もしくは完全に失業した学士たちは、目下のところ社会問題なだけではなく、社会にとっての脅威となっています。不満と階級闘争が部分的に正当化される環境が下の方から整う前に、すでに「社会に」不満をもつ労働者党の指導者が彼らの中に潜んでいるからです。」

最後に私は尾崎市長に、社会的難問を解決するにあたってキリスト教は役に立つかどうか、意見を聞いてみた。その答えは以下の通り。

「個人的にはキリスト教のことはほんの少ししか知りません。けれども、私の知る限り、キリスト教は幸運な影響を及ぼすだろうと思っています。何年か前にブース将軍〔救世軍の創始者ウィリアム・ブースWilliam Booth, 1829-1912］がここを訪れたとき、東京市民に向かって紹介したことがあります。

目下、貧民のための病院や救世軍が開いている看護婦学校に資金を集めるために、慈善事業として劇の公演が行なわれていますが、それには私も少し関係しています。けれどもキリスト教だけが社会事業をしている唯一の宗教なのではありません。その点では、日本の仏教がキリスト教の真似をしています。」

尾崎市長は、「真似をしている」という言葉を自分で強調していた。概して私には、この最後の部分の発言は、彼が市長という立場を十分に考慮した上でなされたような気がしてならない。立場にふさわしく中立的に、対等になるよう発言したのだ。

以上の部分では、尾崎市長がただほのめかしたり、周知のこととして話したりしたことも、便宜上、別の方面からの情報を利用して多少詳しく補っておいた。

＊9

本文中に「本人はキリスト者ではないにしろ」というスコウゴー＝ピーターセンの記述、また「個人的にはキリスト教のことはほんの少ししか知りません」と尾崎本人が語った言葉の引用があるが、尾崎行雄は、一八七五年のクリスマスに洗礼を受けたという記録があるので、一九一一年当時、つまり洗礼から三六年後には、キリスト教から信者としては距離を置いていたことがうかがわれる。

大隈重信伯《おおくましげのぶ》

大隈重信（一八三八～一九二二）明治・大正期の政治家。佐賀生まれ。蘭学、英学を学び、幕末に活躍。維新後は参議、大蔵卿などを務め、一八八二年に立憲改進党総理となり、同年東京専門学校（現・早稲田大学）を創立した。八七年に伯爵となる。外相を歴任し、九八年に憲政党総裁として最初の政党内閣を組織するが四か月で辞職。一九〇七年に早稲田大学総長になり、一四年から一六年まで第二次組閣をなし、対独宣戦布告、対華二一か条要求を行なった。一六年に侯爵。著作に『開国五十年史』（一九一七年）などがある。一九一一年、七三歳の大隈重信は早稲田大学総長としてスコウゴー＝ピーターセンと会見した。

写真：国立国会図書館「近代日本人の肖像」より

大隈伯は、生存中の日本の政治家のうち、おそらくいちばん偉大である。現在までにいくつもの省で大臣を務めてきており、大蔵大臣、外務大臣、農商務省大臣を歴任し、自ら組閣にたずさわったこともある。

けれども彼がいちばん影響力を及ぼしたのは、政治家としてよりも人道主義者、若者たちの指導者としてだったかもしれない。彼は盛況を極める早稲田大学を創始し、機会あるごとに日本の青年たちの理解者であり先見の明のある友として振る舞ってきた。

若者たちの指導者として彼はキリスト教を評価するようになり、さまざまな機会に同情を示してきている。たとえば一九〇七年にキリスト教学生運動が東京で世界会議を開催した時に彼は主導者のひとりであった。そんなわけで私は彼に会う機会が得られてうれしかった。彼は早稲田大学に近い庭園［椿山荘］に住んでいる。面会の約束を取り付けてから、ある朝に車でそこへ赴いた。

邸宅の入り口の門を入ってすぐのところに大きな仁王が二体立っていて、怪物と闘っている兵士の等身大の青銅像が玄関を飾っていた。金糸の縫い縁がある深紅の絹布が張られた古風な椅子の並んだ通路を抜けると、庭園に向かって開けた部屋があった。そこは裕福なヨーロッパの紳士の部屋のような家具がしつらえてあったが、壁には優しい目をした鹿とか節くれ立った松とか飛び跳ねている鯉とかが描かれている古い日本の絵が掛かっていた。暖炉の上には青銅製の空想的な動物の像がのせてあり、部屋の隅々には中世の戦闘場面が刺繡された背の低い絹の屛風がおかれていた。

給仕からしばらく待つように言われた。電話で話した時に、伯爵は何かの思い違いでわれわれが一〇時に来ると思ったらしいのだが、こちらは九時だと理解していたのだった。けれども、それから間もなくして、私が立って広い芝生と温室（ランと菊は伯爵の趣味だった）

のある庭を眺めていると、いきなり伯爵が背後に来て、日本語でおはようと言った。外国のことに関しては心を開いていて、広い教養を持ちながらも、伯爵は英語を話せず、外国へ行ったこともなかったのだった。それで、私が通訳を連れていくのが条件だと、念を押していた。

彼はかなり背が高く、和服姿で袴をはき、羽織を着ていた。髭を生やし、短い白髪で、政治的な理由から一八八八［九］年に襲撃されたために、ぎこちない足取りをしていた。とはいえ、彼の容姿全体を引き締めていたのはその目だった。「目は身体の光」という言葉が彼にはぴったりだった。彼の目はエネルギーと温和さと知性で光り輝いていた。特に話をしている時に、彼の身体は熱気を発していた。かつて、一二五歳まで生きて仕事をするのだ、と言ったそうだが、それが多少理解できた。非常に劇的な人生を背景に話をしていたが、そこには一種の自信に満ちた落ち着きが備わっていた。

見ていておかしかったのは、安楽椅子に深々と腰かけて発言を始めたものの、話が進むにつれて無意識に椅子の前のほうに徐々に身体を乗り出してきて、最後には椅子の端にやっと腰をのせている程度にまでなってしまったことだった。そして、通訳が説明をしている間にまた椅子の元の位置に戻るのだが、ふたたび話をする段になると、また前進が始まるのだった。ちなみに彼の話したことを「通訳」するのは非常に大変な仕事だった。話し出すと、それが長々と続き、まるでよく準備された講演のようであったため、私が何か別の質問をしないかぎり、話題が変わって進展することはなかった。

以下に掲げるのは、一時間半にもおよんだ活発で時にはかなり飛躍することもあった対話を短くまとめ、彼の考えの概要をできるかぎり正確に再現したものである。

私はまず、何に動かされて彼は二九年前に早稲田大学を創始したのかを尋ねてみた。

彼の答えて曰く――「四〇年ほど前の日本は、ご存知のように、中世ヨーロッパ程度の発展段階にあったに過ぎませんでした。日本は統一されていなかった。社会的には約四〇万人の特権階級（武士と貴族）と、まったく無知で抑圧されていたその他非特権階級との間に深い溝があり、また政治的には、日本は数多くの封建的な小国に分断されていた。そして維新がやってきて、国はひとりの主権者とひとつの政府を得た。当然のことながら、ひとつにまとまった国民を形成することが政府の課題となった。けれども維新直後には、それまでのことがらをすべて捨て去ろうとする偏向があった。仏教は、以前は先導的な宗教だったのだが、政府は神道に優位を与えるために仏教に背を向け、そうすることで、それまで何世紀にもわたって仏教と神道が保ってきていた宗教的一体性、人びとを結びつけるのに力があった数少ない要素のひとつを壊してしまった。それと同時に日本は西洋の各方面にわたる影響力の下におかれた。アメリカ、イギリス、フランス、ドイツから流入してきた文化はひとつにまとまったものではなく、いろんな点においてそれぞれ相容れないものを持っていた。キリスト教さえ日本には雑多な多様性を備えて入ってきて、数知れない宗派と教会の支部に分かれて細切れになっていた。こうしたことのすべてが、政府の統合的な課題を非常に困難なものにしていた。その結果政府は否応なしに表面的な統一に重点を置くように迫られ、それが、ほかの人間生活にとって大事な側面を犠牲にすることになった。個人的なイニシアチブがそれらを守ってやらなければならなくなったのである。

そいうわけで私は早稲田大学を創立した。

当然のことながら早稲田大学は、外面的には数多くの点で帝国大学より劣っている。けれども次の二点において決定的に帝国大学より進んでいるように思う。すなわち人生の宗教的側面を取り入れている点と、ある種の公的側面を免れている点である。

帝国大学においては人生における宗教的側面が排除されている。そういう必要があるからなのであろうが、にもかかわらずそれは損失である。早稲田大学においては、宗教生活を促進している。特定の宗教だけをということではなく（それは個々人の選択にまかせてある）、促進しているのは宗教的本能である。早稲田大学には、キリスト教のＹＭＣＡ、仏教と儒教の青年団がある。これら相違した団体がおたがいに討論会を開き、それぞれの宗教と学生たちがたがいに力を試しあっている。われわれは概して討論の訓練に非常に力を注いでいる。何年か前にいわゆる「疑似議会」を導入し、議会とまったく同じ運営規定に則って議論をする場所とした。次第にほかの大学もわれわれの例に従うところとなり、帝国大学ですら、二、三年ほど前にこのような議会をプログラムに組み入れた。

われわれが宗教生活と学生の議論にこれほど重点をおくのは、個人的成長こそが学生時代におけるもっとも肝要な目的だとみなしているからである。早稲田大学はまったく私的な事業で、ここの試験は、帝国大学のそれのように管理の職に通じているものではない。これは影の部分であるが、そこには長所もある。うちの学生は、パンを得るためだけに学ぶという大いなる誘惑から免れている。学問はより自由でより個人的な傾向を帯び、そのため本学は実のところ国への影響を強めているのである。ここの卒業生が後に少数の官僚にしかならない分、返ってより多数の者が訓練されたジャーナリストや編集者、議員や教育者となれるのである。こうした人びとこそ、ほかのだれよりも国の将来を担っていくようになるのである。」

大隈伯爵は熱くこのように語り、ふたたび安楽椅子に深く座り直した。

そこで私は、精神の自由と宗教性を若者たちの学問の基盤におくということは、彼も自分で言っていたように、政府の課題であり国民の望むところでもある国の統一に最大限に貢献するという意味なのかと質問してみた。「別の言葉で言えば、その融合された課題は、個人の完全な精神的自由をもってこそ解決されるというのが伯爵のご意見なのでしょうか。」「それは、日本だけではなく文明世界全体が向き合っている問題に関わっている」と大隈伯爵は答えた。「まず、確かめておきたいのは、権力と強制では絶対に統一はなされないということ。これは歴史的に証明されている。宗教戦争も国教の強制なども、目的としていた精神的統一を果たせなかった。

では何が統一をなすのか。たとえば、合衆国を例にとってみるといい。何がアメリカの市民をひとつにしているのか。それは宗教ではない。アメリカにはこれひとつという宗教などない。法律でも国の機構でもない。たくさんの州がまったく異なった法律を持っていることがよくあるからだ。合衆国の雑多な住民をひとつに融合しているのは、宗教的な精神によって培われた愛国主義である。私の意見では、それこそ唯一国をひとつにまとめられる要素である。早稲田大学は、全組織をあげて、わが国民にこの融合力を促進させようとしていると言える。」

私はさらに聞いてみた。「けれども、日本の近代的な学校はその問題に関してどのような立場にあるのでしょうか。学校で学ぶ愛国主義は、公式には「無宗教のモラル」によってのみ説かれています。伯爵のご意見では、そのようなモラルが、祖国を愛する気持とともに、国に必要とされる共同の精神と力を与えることができるのでしょうか。」

「それは難しい、難しい、難しい質問だ」と大隈伯爵は「難しい」を三度、次第に声を高くしながら答えた。個人的にいろいろとじっくり考慮しなければならず、まだ最終的には態度を決めていないような一点に私は触れたようだった。

「無宗教のモラルでは不十分だと私は個人的には思っている。哲学者も心理学者、倫理学者もみなもう何年もかかって、人間のモラルの確かな基盤を、神以外のところで探求してきたが、まだ成功していない。自己愛、利他主義、幸福感、欲望の抑制、進化、これらすべてが提案され試されてきたが、どれも試練に耐えていない。

ここ日本では、モラルの基礎を祖先崇拝に求めようとしてきているが、私の意見では、これが無宗教のモラルの最善の基盤であるように思う。祖先崇拝は宗教ではなく、まさにそのためにキリスト教との葛藤がない。キリスト教はふつうそれを偶像崇拝と見なすにも関わらずだ。祖先崇拝は実際問題として、崇拝とは言え、先祖を崇めて信仰することではない。先祖の面目に照らして己の行動を確かめるにすぎない。それはすばらしい自然な行為ではないか。天皇を例にとってみよう。彼は自らの権力を先祖から相続した。彼が権力の使用を先祖の判定にまかせるのは当然すぎるほど当然ではないか。まさにそれが祖先崇拝の枢要なのだ。この祖先崇拝と呼ばれるものを、私は個人的には無宗教のモラルのあたう限り最善の基盤だと見なしている。けれども、モラルが生きた神の不変の意志と法律を信じる地点に落ち着いた時に、さらに優れたものになる。私はそれを認めるのにやぶさかではない。」

老いた伯爵はここで口をつぐんだ。この、どの神を選ぶか、という点が彼の内部にあってはいまだに決着をつけられていないかのようだった。それ以上語ろうともしなかった。目の前に座っている彼は神の王国からそんなに遠いところにはいない、私はそんな新鮮な気持ちがしたのだが、なおかつ彼は留まっている。何が彼を引き留めているのだろうか。度を超えた日本の国民感情だろうか。私はそう信じているが、証明することはできない。

私の最後の質問は、六〜八年ほど前に日本の若者たちを大波のように襲った生活苦と自殺の目立った傾向についてで、その原因についての意見をうかがった。

「それはもうはっきりしている」と彼は次のように答えた。「西洋の科学が火山爆発後の津波のように押し寄せてきた。若者たちは科学の虜になり夢中になったが、科学の結果にある統一性もしくは科学の分野における限界については目をつぶったままだった。この限界性を見る目を欠いていたまさにそのことによって、余計に彼らをますます謎解きに熱中させることになってしまった。無理をするようになり、死に物狂いに勉強をし、神経をずたずたにして身体を壊してしまった。そして当然、悲観主義と無政府状態に舞い戻りしてしまう。[*10]ちょっと横道に逸れるが、最近の幸徳［秋水、一八七一～一九一一］とその追随者たちによる無政府主義的な試みも、基本的には肉体の衰弱によっている。私見では、彼らは裁判所にではなく、病院もしくは精神病院に送られるべきだった。けれども現在では若者たちの状態はずっとよくなっている。われわれも偏向がいかに危険なものであるかが分かっており、それを避けるべく努力している。たとえば、西洋の多くの大学がしているように、スポーツと体力向上に力を入れている。」

この老人を疲れさせてはいけないと思い、私は何度も対話を終わらせようとしてみていた。彼は七三歳だった。そして意を決めて立ち上がった。彼も私も背丈が三アーレン［一八六センチ］ほどもあったため、それが「体力向上」と言った最後の言葉を続けるきっかけとなり、「スカンディナヴィア人は背が高く、いい体格をしている」とうれしいお世辞を付け加えてくれた。
彼のもとをあとにして、私は今会ってきたのが純粋で意義深い人物であり、まさしく貴族の名に値する方だという印象を受けた。自国民の良質な部分にさらに助けの手を伸べようとしている。その日私は、キリスト教の慈善事業をしていた人びとと話をしていて、二度も彼の名前を耳にしたのだった。[*11]
彼の心に神が息吹をかけているのは疑いのないことだった。イエス・キリストがまさにその神の名であることを彼が悟りますように。

*10
「日本の若者たちを襲った生活苦」に大隈伯は言及しているが、戦勝にもかかわらず疲弊した日本は日露戦争後の経済情勢が厳しく、日本社会党が一九〇六年に結成されて以降はデモが組織されて労働者が起ち上がっていた一方で、貧困のためにブラジル農業移民が始まったのが一九〇八年、社会全体が苦しい生活をしていた。一九〇九年には日本の生糸輸出量が世界一位となり、経済が上向きになっていた感があったにしろ、翌一〇年に韓国を併合した日本は、資源獲得を目指して躍起になっていた。同年大逆事件が起きるが、社会全体はなお暗い雲に覆わ

れていたのである。階層間の貧富の差はますます顕著になり、「今日は帝劇、明日は三越」と裕福な生活を謳歌する人々を尻目に、若者の間だけではなく貧民の数は増大し、一九一一年二月には貧民済生に関する勅語が発布され、社会の貧困化に追い打ちをかけるように、東京では七月に米の値段が暴騰した。巷には失業者が溢れ、一二月には公設の職業紹介所が浅草と芝に開設された。

＊11　後述の原胤昭氏の項（二三〇～七頁）を参照。

松村介石《まつむらかいせき》牧師

松村介石（一八五九～一九三九）植村正久、内村鑑三、田村直臣と共に、キリスト教界の四村と呼ばれた。プロテスタント系新宗教、道会の創始者。播磨の生まれで、一八七〇年に上京して儒学を学んだが、横浜に出て、アメリカ・オランダ改革派教会の宣教師ジェームス・バラの指導でキリスト教に入信した。東京一致神学校中退後、日本組合基督教会の牧師となり、「基督教新聞」等を編集、一九〇七年に日本教会を興し、翌年機関誌「道」を創刊、のちに道会と改称した。

一九一一年、松村介石は「道会」の指導者であった。

写真：加藤正夫『宗教改革者・松村介石の思想』（近代文芸社、一九九六年）所収

一〇年か一一年ほど前、東京のある大きな集会で若い牧師が起立して参加者に向かって叫んだ。「キリストを信じないのなら、日本は滅んでしまう！」参加者たちが反発したので彼は言葉を繰り返した。さらに反発され、新たに反復がなされた。

「キリストを信じないのなら、日本は滅んでしまう！」

そう発言した若者が松村介石牧師だった。

以来彼はまったく別の方向に進んで成長していた。ある晩私は、東京と横浜の中間にある

大森の住宅街に彼の家を訪ねていった。対話の途中で彼は明言した。「もちろん私はイエスはただふつうの人間だったと思っています。彼は神の子に過ぎず、あなたや私、ほかのだれともいっしょです。」

「でもイエスは、少なくとも完璧な人間だったのではありませんか?」

「ちがいます。ブッダや孔子のように偉大な人物でしたが、完璧ではありませんでした。ある点においてイエスはブッダや孔子より完璧だったかもしれません。けれどもほかの点では、ブッダや孔子のほうがイエスより完璧だったように私には見えます。」

「では、キリスト教全体にはいったい何が残るんでしょうか」と私は聞いてみた。

「私の友人たちも含めて、私などキリスト者ではないという人がたくさんいます。先日ある討論会で、まさにその問題が取り上げられ、こんな見方をしている私にキリスト信者の名を名乗る権利があるのか、と言われました。ある人たちはノー! と言い、ほかの者たちはイエス! と言ってくれました。私自身は、私はキリスト者だと思っています。けれども実は私にとって大事なのはキリスト教かどうかではなく、真実かどうかなのです。私に真実があるかぎり、ほかの方々にキリスト教も仏教も儒教もみな委ねてかまいません。」

「では、あなたの意見では、真実とは何なんでしょうか。こう言い換えてもいいんですが、あなたにとってキリスト教とは何なのでしょうか。」

「四点あります。神は個性なり。善行に務めること。隣人を愛すること。そして、永遠の命があること。これが私の信仰告白です。」

「従来の信仰告白とはずいぶん違いますね。」

「そうです。でもほかの部分は無用じゃありませんか。そうですね、もうひとつ私が重点をおいているのが、われわれは神の霊に満たされていなければならないということです。神の霊と言っても、「三位一体の第三の個性」とかいった神秘的なことではなく、ただ単に「神の影響」という意味です。私たちはみな個人的に神の影響のもとになければならない。何はともあれそれがすべてです。霊の個性とか、キリストの心的人間性とか、血の回復とかいったことはふつうの人間には分かりません。日本人には無理です。神はひとつ、永遠の命があり、永遠の命への道は善行と愛、それなら日本人に理解できるのです！」

人が理解するか否かを宗教の基準にするのははなはだよろしくない、と私は反論した。宗教はその成果によって測られるべきで、福音の果実を結ばせるすばらしい能力とその再生をもたらす力は、たとえ正気が踏みにじられてもかならず良心が歩み出てくるまさにその点にあるのだ。それが取り去られては、福音は荒涼としてしまう。

「私の良心が、私の信じるところを信じるようにさせているのです」と言って松村が答えた。私は彼の意見を聞くためで議論するために来たのではないので、次の質問をするに留めた。「キリスト教の古い信仰から離れて今の信仰に移ることを余儀なくしたあなたの良心には、いったい何がおこったのでしょうか。」

「ごく単純なことです。私は宣教師たちの言葉からキリスト教を信じるようになりました。当時はオーソドックスでした。けれどもあとになって福音書を自分で調べるようになると、まったく別の見方をするようになったのです。」

聖書についてはどう思うかという質問に対して、彼はできることならもっと新しくもっとすばらしい聖書が作れる可能性があるといいのだが、と答えた。聖書のいちばんいい部分と、ほかの宗教の聖典の最良の箇所をないまぜて作る「聖書」は、世界宗教すべてのエッセンスを含んでいて、本物の「聖書」になるであろうと。

それに対しての私の見解は、もう疑いなくはっきりしている。けれども、松村という人物をどう評価するかとなると、非常に疑問に思ったが、ありがたいことに、それは私ではなく神の仕事である。彼は包み隠しのない好人物で、衝動的で生き生きとしたところがあるのだが、同時に不思議と落ち着きのないところもあった。われわれ全員の間での友好を盛んに強調するのだが、それは立場が何であれの友好、懐の深さ、共同行動だった。懐の深さ、というのはいいことである。けれども、料理人の鍋に、さまざまな毒まで盛り込まれるほど「何でも入れる」というわけにはいかないのである。

われわれは魂を裁くのではなく、精神を試してみるべきである。松村の見解にある精神は、キリストを聖化する精神ではない。したがって、松村のような人物が、多くの人たちによって日本におけるキリスト教推進者として見られているのは、まことに残念なことである。ちなみに彼は、『道』というよく読まれている「キリスト教」の雑誌の編集者でもある。

キリスト教独自の（そして救済的な）真実の内容が、汎宗教的で一般倫理的な活動のために消し去られようとしているのは、神の国を日本で進めるにあたって目下最大の危機のひとつである。それは東洋全体、ひょっとして世界全体の問題かもしれない。

宮川経輝《みやがわつねてる》牧師

宮川経輝（一八五七〜一九三六）明治〜昭和期の牧師。肥後生まれで、一八七二年に熊本洋学校に入学、七六年にジェーンズ（Leroy Lansing Janes, 1857-1909）から受洗した。熊本バンドのメンバーの一人で、新島襄率いる同志社に転入学して七九年に卒業後、同志社女学校の教師を経て、八二年から一九二五年まで日本組合基督教会の大阪教会の牧師を務めた。また一八八二年には大阪基督教徒青年会（大阪ＹＭＣＡ）の初代会長になる。日露戦争中は朝鮮に渡り、在韓日本人に伝道した。一九一四年以降は日本組合基督教会の中心的人物として活動し、後述の海老名弾正、小崎弘道とともに三元老と呼ばれた。
一九一一年、宮川経輝は大阪教会の牧師であった。
写真：渡瀬常吉『朝鮮教化の急務』（警醒社書店、一九一三年）所収

組合教会に属する宮川牧師は日本のいちばん優れたキリスト教講演者と見なされているが、大阪の古いお城の近くに住んでいる。途中でお城のそばを通ることになったので、ついでにお城も見てきた。かつてこのお城は日本でいちばん立派なお城のひとつだったのだが、何度か破壊されており、前回は一八六八年に破壊されている［鳥羽伏見の戦における幕府軍敗北後の混乱の中で焼失］。もうすでにないものを見るのは常に不満の種になるものだが、城壁と塁のいくつかはまだ残っていて、長さ四〇フィート、高さ一〇フィートもある御影石で建造さ

れていた。シリア［レバノン］のバールベック［古代遺跡、ローマ神殿跡］を除いて、世界の建物に利用された石としては、私の知る限りいちばん大きなものである。高い塁の上から見る景色は格別のはずであったが、この巨大都市は橋と煙突の町で、どうしようもない煙の幕に覆われていたのだった。

というわけであまり見るところのない場所だったが、封建時代の名残をかいま見たのはやはり価値のあることだった。お城は一六世紀の末に、内紛を闘ってのし上がってきた二家を打ち倒した太閤秀吉によって建てられた。けれども一六一五年に徳川家に占領され、以後、三〇〇［二五〇］年ほど将軍職にあった徳川家は、一時期この城に住んでいた。しかし、一八六八年、将軍職を追われた時に憤怒のあまり、逃れる前に大阪城を焼いてしまった。

徳川の一族は現在東京に住んでいるが、聞くところによると、家で聖書を読む会を開いているとか。

お城からわれわれは宮川牧師の家に向かった。かなり小さい人で、日本人にしては珍しく濃い頬髭を生やし、眼鏡をかけていた。おたがいに前置きのコメントをしたあとで彼は、特定の質問をしてくれれば答えるよう努力すると言った。

そこで私はまず、彼の個人的なキリスト者としての立場について一言話してほしいとお願いした。それに対して彼はおよそ次のように答えた。「私は、キリスト教とは何であるかを哲学的に説明したヒョフディング教授［ハラルド・ヒョフディング Harald Høffding, 1843-1931］の説にまったく賛成です。」

その発言を聞いて私は正直な話、かなり動転してしまい、ヒョフディング教授には人間としても科学者としても敬意を払うが、私は彼にはキリスト教が何であるかについて評価できる能力があるとは思わないと指摘した。そのためには個人的に信心と体験がなくてはならず、ヒョフディング教授はそれを求めないばかりか、むしろキリスト教の敵対者のひとりであったからである。

「そうですね、教会キリスト教の反対者かもしれませんが、キリストのキリスト教の反対者ではありません」と宮川は言った。

「ヒョフディング教授にとってはごく近しいものになっていたデンマークの教会では、キリストのキリスト教と教会キリスト教との間に意識的な対立はありません。いまだに聖書をもとに教会キリスト教を自由にコントロールできるのです」と私は宣言した。そして、「けれども、そもそもキリストのキリスト教の内容はどんなものだとお考えですか？」と尋ねた。

詳しく話を聞いてみると、宮川牧師のキリスト教は、最初のびっくりさせる発言が予想させたよりはるかに優れたものだった。彼の立場は、ふつうのリベラル神学派に近く、ヨハネのかわりにマルコの福音書、キリストの死の意味より彼の生、キリストの神性よりもあらゆる人びとの神性が重んじられるといった具合だったが、多少不明瞭だったにもかかわらず、彼はキリストを神の子、世界の救済者だと主張したかったように思う。

すなわち彼の最初の発言は、明確さを欠いたこととあまりの親切さが交じりあったものだったと説明できるように思う。彼はわれわれがデンマーク人だと聞き、彼の知っていた唯一のデンマーク人、ヒョフディング教授の名をどうしても挙げたかったのだ。それは親切からなされ話題性もあったのだが、会話の流れへヒョフディングを加えたそのやり方は、なんとも不運であったと言わざるを得ない。その後でなされたコメントを聞いて、彼の「キリスト教とは何であるかを哲学的に説明したヒョフディング教授」という表現はむしろ、「信仰と知識とは何であるかを哲学的に説明したヒョフディング教授」とすべきであったことを理解した。そこには疑いもなく大きな相違があるのだが、それでもなお私は、個人的にはヒョフディング教授の説明を聞いて安心するわけにはいかない。

現代日本の教会にとっていちばんの危機は何であると思うかという質問をしたところ、彼は多少ためらってから、「真摯さに欠けていること」と答えた。キリスト者たちはのんびりとし過ぎていて、幾分かの迫害を受けたほうがいいのではないかと思いたくもなる、ということらしかった。けれども、仏教とキリスト教を不純に混合するというような危険は今のところない、という意見だった。ところが、それに関してしばらく言葉を交わしているうちに彼は、混同されることがないように、仏教用語の趣のある言葉は極力避けるようにしていると打ち明けてくれた。

秘められたため息のように口にされた「幾分かの迫害」についてひとこと言っておくが、宮川牧師はそんなに長くため息をついている必要はなさそうである。なぜなら迫害はすでに進行中だからである。[*12] もちろん火あぶりなどによってではない。日本は、西洋の開化している国々同様の文明国と見なされたくて仕方がないゆえに、わずか五〇年前まで行なわれていた野蛮な方法は、当面はとらない。けれども政府はキリスト教に対して、実際問題として敵対的である。福音と闘うにあたって炎と剣以外のものを使っている。それはたとえば学校である。ヨーロッパの文化大国のひとつ（フランス）は、自国でキリスト教「プロテスタンティズム」を駆逐するために進んで教育部門を利用しなかったであろうか。［いや利用した。だが］だれもそれを野蛮だと呼びはしない。［それこそ］文明であり、最高級の啓蒙なのである！日本の歩んでいる道［進行中の迫害］はまさにそれである。もうすでに口にされていることであるが、政府の「運営する」学校で「宗教的指導者」になる試験に合格しなかった者は、全員「教師となること」を禁止すべきだという。そうすることで、宣教師たちと日本人牧師たちの大部分が、青年教育から切り離されることになる。もちろん信仰を広めることをもだ。それで失われるものが出てくるはずだ！[*13]

国立学校の教師の多くがどんな心構えをしているかはすでに示されている。彼らは子どもたちが日曜学校へいくことを禁じ、天皇と祖先を崇めることを強要している。神社の周辺を連れ回し、キリスト教とキリスト者たちの陰口を言っている。

予言者的なことを言うのは気をつけるべきだが、それでもなおあえて予言すると、日本で（そして中国と韓国でも）次に迫害が行なわれるのは学校の分野においてであろう。世界と神の国との間の葛藤が生じる戦場は、世界中どこでもきっと学校になるにちがいない。

＊12　「迫害」という表現を使っているが、殉教者を出すような弾圧ということではなしに、神道中心の政策のために、キリスト者が軽視されている、疎外されているという体験を指す。

＊13

一八九〇年に「教育勅語」が発布されて以来、一八九三年には「君が代」が国歌として制定されるなど、明治日本の神道を軸にした近代国家建設は教育の分野でも徐々に進展していた。ここに記されている「試験」は、記述が不正確なので詳しいことは判然としないが、「宗教的指導者」になるための特別な試験のことではなく、要するに、教員試験では、宗教を教えるにあたって神道を中核に置かないものは合格できない、ということなのだろうと思う。

海《え》老《び》名《な》弾《だん》正《じょう》牧師

海老名弾正（一八五六～一九三七）明治～昭和期のキリスト教指導者。筑後に生まれ、一八七二年に熊本洋学校に入学、ジェーンズから受洗し熊本バンドのひとりとなる。同年に同志社に転じ、七九年に卒業後、群馬県の安中教会牧師となる。前橋教会、東京の本郷教会を創立した後、八七年に熊本教会牧師となり、熊本英学校、熊本女学校を創設した。九〇年に日本基督教伝道会社の社長に就任して、アメリカからの財政的神学的影響から独立すべく尽力した。九七年に東京に移り、本郷教会の再建を図る。一九〇〇年には雑誌『新人』を創刊し、ドイツ自由主義神学を信奉する日本組合基督教会の指導者として日本基督教会の植村正久と論争した。二〇年に同志社第八代総長に就任。

一九一一年、海老名弾正は東京にあって『新人』を基盤に日本のキリスト教界と思想界に関わっていた。

写真：渡瀬常吉『朝鮮教化の急務』（警醒社書店、一九一三年）所収

海老名牧師は組合教会に所属し、雑誌『新人』の編集長である。われわれを非常に親切に迎えてくれ、たちまち好印象を与えた。日本人にしては背が高く、かなり長いひげをたくわえ、額がきれいに丸く生え上がって、優しい多少疲れた目をしていた。

われわれはたちまち話の核心に触れた。

「まず抱えている問題点から始めましょう。日本におけるキリスト教の仕事には、非常に難しい問題が三点あります。古い時代からずっと続いているキリスト教に対する偏見、仏教の権力、それに西洋の物質主義と神を否定する思想の輸入です。

カトリック時代から受け継がれてきたキリスト教に対する古い偏見は、日本独自の問題点だろうと思います。もう二〇〇年以上も日本国民は、キリスト教に反対する政府のこしらえた炎をあげるポスターを見せ続けられてきていました。キリスト教を、誠実な市民ならだれでも悪の権力として見るように組織的に手なずけられていました。あげくのはてに政府［幕府］は、周知のように、キリスト像を彫り込んだ小さな金属の板を作り、折にふれ人びとに踏ませていたのです。長崎では、外国人ですらそのような金属板を踏まずには上陸できませんでした。何代にもわたってキリスト教を真っ向から嫌うように躾けられてきた国民ですから、福音書の神々しさになかなか注目できないでいても、何ら不思議はないのです。我が身を振り返ってみれば分かることですが、私は今の今でも「耶蘇《やそ》」（古くから庶民の間で使われてきた「イエス」の名）という言葉を聞くと、反抗心の針が身を突き抜けていくような感じがします。悪が呼び出されたようなのです。――そのため、キリスト者の側では耶蘇という言葉は避けて、イエスと言っています。

古くからあるこの悪に、さらに仏教の強大な力が加わります。仏教の宗教的慣習が庶民の血に染み込んでいて、それがもうひとつの性格になっています。特に影響力のあるのが次の三つの宗派です。真宗（救済の道としての仏を信じることを強調します）、日蓮宗もしくは法華宗（改革派）、そして禅宗（特に神秘と瞑想に重点を置いています）。真宗の人びとは通常温和で親切で、その宗派はとても献身的です。法華宗の追随者は非常に狂信的で、ほかの宗派を非難しています。禅宗に従う者は精神的な貴族主義者です。概して、役人とか将校、法律家など、教養のある者たちの宗教です。――こうして受け継がれてきた慣習、狂信、無知、精神的高慢のすべてに打ち克つのは、まったくもって容易なことではありません。

それに加え、仏教の力が及ばなくなっている人びとは、往々にして西洋諸国での反キリスト教的潮流に呑まれています。ショーペンハウエル、ニーチェ、ヘンリック・イプセンが日本の若者たちに多大な影響を及ぼしています。西洋の書物を読むことによって多くの人びとは意識的にキリスト教以外のことがらにも導かれていきます。その過程でようやくキリスト教に関わるようになっても、それはたいていトルストイの書物を通してで、それがまたわれわれを新たな問題に向き合わせているのです。

それでもなおわれわれは勇気を失ったりはしません。キリスト教はそれ自体ほかのどんな精神的権力にも優越していますし、それがわれわれの信頼ですし、力でもあります。真宗に対しては、信仰は他人の得たものを魔法のように譲り受けることではなく、個人的に神とともにあって生きることだ、と強調しています。無神論的な禅宗に対しては、神は存在する、と強調します。そして汎神論的な日蓮宗に対しては、神は大きく口を開けた汎神論的な深淵でも単なる自然力でもなく、生きた父親のような個性なのだ、と強調しているのです。[*14]多くの日本の若者をとらえている精神的不安そのものが、彼らが仏教にも西洋の不可知論［ものごとの本質を認識することは不可能であるとする立場、宗教の場においては、神の存在自体について中立的立場をとった］の中にも平安を見つけていないことを明瞭に語っています。彼らは次から次へと休みなく新しいものをつかもうとしている。新しければ新しいほどいいので、それがわれわれキリスト者にたえず新たなチャンスを与えてくれています。

キリスト教も実はかなりの影響を与えています。静かにではありますが人びとの宗教的、倫理的な思想を組み替えつつあるのです。たとえば日本語で神を「かみ」と呼びます。一〇年か一五年くらい前までは、この語はほぼ全員に汎神論的にとらえられていました。たくさんの神のうちのひとつの神、という意味で使われていました。ところが今は、われわれが神という語を口にする時は、本能的に唯一真実なる神、天と地の創造者のことを思い浮かべるのです。キリスト教の影響下にあって人びとは知らず知らずのうちに神を一神論的に考えるようになりました。――倫理の方面から別の例を取り上げますと、一〇年から二〇年ほど前までは、日本では一夫多妻が普通でごく自然に受けとめられていましたが、今はちがいます。一夫多妻は今でもありますが、世間の目からは批判されています。ここでもキリスト教の観点がおだやかに浸透しているのです。

概して多くの人びとが、キリスト教に帰依することなく影響を受けています。私はこれを、四つ目の大きな難関と呼びたく思っています。はっきりと教会に所属することをいやがるのは、日本人の道半ばにいたがるごく普通の人間的傾向からきているだけではなく、無教会キリスト教がより高度なキリスト教であるかのように多くの人びとによって誤って見られていることにもよります。教会の信徒たちはいつも非の打ち所がないわけではありません。その中には純粋に真実を求めようとしている人もいれば、放蕩のあげく帰ってきた息子たちもいます。この後者の類いの教会信徒たちが特に外部の人たちの目に止まり、教会を蔑むようになっているのです。――けれどもわれわれは、これら多くの問題を抱えながらも勇気を失っておらず、明るい将来を見据えています。」

海老名牧師は最後に、親切にもご自分の個人的な成長についていくつか情報を提供して下さった。

「キリスト教が私の人生の道を横切った、まだずっと若かった頃のことですが、祈りが信仰の最大の障害物になっていました。神に祈ることが、何か下品で軽蔑的なことのように思われたのです。自分を何かこう蔑むべき乞食にしているような、そんな感じがしました。それからまた、祈りが無意味だとも思っていました。神がほんとうに愛ならば、何を乞い願う必要があるのかと。自らの活動で助けてくれるのではないかと。

けれども一八歳か一九歳くらいの時に私の見方に変化が訪れました。主に対する下僕の正しい姿勢とは、主の意志をうかがうことであるのだと気がついたのです。その視点から私は祈りと折り合いがつくようになり、自分も祈る人間になりました。それがまったく新しい力を与えてくれました。実にすばらしい変化が私に起こったのです。神が私の主であり、その下僕の私は幸せでした。主の意志を全うする用意がありました。

その状態がしばらく続きました。けれども、神に対する下僕の身で生きる期間が長くなればなるほど、神と私の間に横たわる距離がますます重々しく感じられるようになったのです。当初味わっていた喜びと力が消えてしまいました。それがとうとう最後には、自分のなすことすべてが罪に思えてきたのです。もうすべて罪でしかないと。当時の私はとっても貧乏でした。読書が過ぎて、医者の話では、目を酷使したために盲目寸前になっているということでした。読書そのものが私には罪に思えました。もっともそれは確かに罪にちがいなかったのですが。ほとんどが野心からきた読書だったからです。けれども当時はそんなことははっきりと分かりませんでした。何かそこには罪らしいものがへばりついている、と感じただけでした。そしてとうとう、聖書以外には何も読めなくなりました。それが罪であるはずはないからです！　とは言え、時々それすら私には罪に思えました。

そうして精神的にいちばん落ち込んでいた時に、突然真実が明るみに出てきて、神は主だけなのではなく、父でもあることが分かったのです。祈るというのは下僕が主の望むところを尋ねる方法だけなのではなく、子が父と交わる方法でもあると。

この発見が、私の精神生活にとって、二つ目の大きな転機になりました。その日以来私は神に平穏を見つけ、神の幸せな子になりました。今は神の子として生きているのですが、同時に、キリストによって男に成長しました。この成長の恵みの一面が、以前、罪だと思ってやめていた読書とか知識などの大部分が、神によって清められ聖化されてふたたびもどってきたことでした。」

そう海老名牧師は語った。

私は彼との面会を感謝と喜びで思い出している。彼といっしょにいて私は安穏な気持でいられた。心底キリスト者である人と向き合っている時に感じる安穏である。それでもなお私は、彼の「成長」が取った方向を、無条件に喜ぶ観点には立てない。

神に対して子の関係に入った時、彼には神が救済者であるというはっきりとした認識があり、いい意味で根本的に旧式の信者だった。それが後に、キリスト教観が大変「リベラル」になったのである。彼はたとえば、二〇世紀の人間は古い聖書よりもっと優れた「聖なる書」を書くことができるだろう、などと言ったりした。キリスト者の口から出る言葉としては、向こう見ずで情けない言葉である。けれども、海老名牧師が今でもそう主張するかどうかは私には分からない。

彼の心には疑いなく古いキリスト者の基本的な経験が宿っているが、彼の頭には、そうした経験へは決して導くことのできない神学が入り込んでいる。

けれどもこうした奇妙な二重性は、海老名牧師ひとりだけのものではない。

＊14

海老名弾正と会見した後、スコウゴー＝ピーターセンとウィンテルは彼の言ったことが明確につかめなくて戸惑っていたことがウィンテルの手紙から知れる。ウィンテルはスコウゴー＝ピーターセンの原稿を読み、あらためて海老名弾正の言葉を思い起こして整理し、「無神論的な禅宗に対しては」以下とした。けれども、「神は大きく口を開けた汎神論的な深淵でも単なる自然力でもなく」というのはスコウゴー＝ピーターセンの表現で、ウィンテルの要約は「支配的でも非個性的な自然力でもない」となっていた。

小崎《こざきひろみち》弘道牧師

小崎弘道（一八五六～一九三八）明治～昭和期のキリスト教伝道者で牧師。熊本で生まれ、ジェーンズから洗礼を受けた熊本バンドの一員として同志社卒業後、一八七九年に上京して東京YMCA建設に加わり、八〇年に会長となる。八六年、赤坂霊南坂に教会堂を建てる。九〇年には同志社英学校校長、社長（総長）になり、九七年まで務めた。一九〇三年に東京に戻って東京伝道学校を開設、一九〇五年に北アメリカで伝道した。以後、日本組合基督教会、日本基督教連盟、日曜学校協会などの会長を務めるなどして日本のキリスト教界の指導者として広く活躍した。

一九一一年の小崎弘道は五五歳で、組合基督教会を代表する牧師だった。

写真：渡瀬常吉『朝鮮教化の急務』（警醒社書店、一九一三年）所収

小崎牧師は組合教会の保守派の一員である。新島［襄］の後継者として同志社大学の社長を七年務め、今は東京で牧師をしている。小柄で精悍な人で、きわめて特徴のある眉が丸く吊り上がっていて、縁なしの金眼鏡を掛けている。われわれは早速、最近のリベラル神学とその日本での位置づけについて、活発に意見を交わした。[*15]

「私たち日本人は、うまれつき新しいもの好きという弱点があります」と小崎牧師は話し始めた。「いつでもアップ・ツー・デートでいたい。そのため日本では、リベラル神学には

都合のよい土壌があるのです。それは「科学が神学の分野に与えた最後の言葉」でした。多くの若者がそうしてキリスト者になったものの、ほぼ同時にキリスト教を越えてしまったようなのです。けれどもそれも時間の問題でした。キリスト教の経験を積み、判断力が肥えてくるにつれて、多くの者がふたたび古いキリスト教の使徒伝来の基礎的な真実に戻ってきました。

私自身も、ある程度そんな風だったと言えます。私は厳しい儒教の教えを受けて育ち、早い時期に熊本のジェーンズ大尉［Leroy Lansing Janes, 1857–1909］の学校に入りました。彼は長老教会派で、ヘンリー・ウォード・ビーチャー［Henry Ward Beecher, 1813–87］の熱心な信奉者でした。彼の影響下で私は信仰に入ったのです。私を捉えたのは、キリスト教の高いモラルと新たなる力でした。私の受けた儒教的な教育が、福音書のそのような側面を評価させたのです。

当時私は聖書を盛んに読んでいました。それで強くなったのですが、問題も出てきました。ジェーンズ大尉の助言で、私は後に同志社で学ぶことにしました。そのころは新島［襄］が社長でしたが、私たちに多く接したのはデイヴィス大佐［Jerome Dean Davis, 1838–1910］でした。彼はかちかちのオーソドックスで、私たちの疑問とか困難を理解できませんでした。

というより、理解できていないと私たちは思っていました。それで、「古い信仰によって立つ新しい基礎」を手探りで学んで進むほかなかったのです。きつい作業でした。最新の聖書批判に首を突っ込みました。私個人について言えば、そのころイェール大学のラッド教授［George Trumbull Ladd, 1842-1921 アメリカの哲学者、心理学者］の霊感論を読んで一息ついていました。かなりラジカルな理論です。そしてその時代に、私は日本で初めてウェルハウゼン［Julius Wellhausen, 1844-1918 ドイツのプロテスタント神学者］を紹介しました。

批判的方法が認められるべきなのは分かりますが、キリスト教の真実の内容を、不信心の知識でもって批判するのは認めるべきではないと思いました。「高名な批判者たち」の多くがそうしていました。批判的方法を通っていくと保守的な結果にたどり着きます。それは自分でも経験しました。私は使徒伝来のキリスト教を信じています。私の場合、それはパウロの福音書です。パウロ、アウグスティヌス、ルーテルのキリスト教が、私のキリスト教でもあるのです。

私はサンデイ［William Sanday, 1843-1920 イギリスの神学者］教授の書物から多大の恩恵を受けました。彼とはオックスフォードで一七年前に個人的に知己を得ました。特に彼の本の序言の中のひとつの言葉が私の胸を打ちました。ここを見て下さい！」

そう言って小崎牧師は私に本を渡した。下線の引いてあった箇所には次のように書かれていた。

「人類の歴史は生きた神の手のうちにあり、特にその導きを求める者がそうなのだと信じている。だから、古い教会の最後の基本的な信仰の発言が、神の魂と指導にまで遡れることも確かなことだと思われる。神が、最近の神学の進展がそのまったく反対の結果にたどり着くことを許そうなどとは、とても考えられないことなのだ。もしも私自身の思考がそのような結果を呼ぶことになるのなら、私はすぐさま、それは何かの間違いにちがいないと疑問を抱き、問題を最初から検討し直すであろう。」

「この言葉に私はまったく賛成です」と小崎牧師が言った。「先走り過ぎているリベラルで急進的な神学的結論を修正する仕事は、きわめて必要でかつ健康なのです。それはそうと私は今、これらの問題について本を書いているところです。原稿はもうほとんど出来上がっています。〔『基督教の本質』警醒社、一九一一年刊であろう〕」

そこで彼はきれいに書かれた原稿を取り出した。――頑丈な絹のような紙に日本語の字が書かれている。各章がそれぞれきちんと綴じられていた。こんなすばらしい原稿を私の出版社が受け取ることはない。――彼はそれをめくり、各章に何が書いてあるかを話し、原稿の準備に使った図書の一部を出してきた。そしてその参考図書についていくつかコメントがなされているうちに、対話はいつしかしぼんでいった。

私の理解できたところでは、その本の主眼は、サンデイ教授の呼ぶところの「全的キリスト教［full Christianity］」と「縮小キリスト教［reduced Christianiy］」との比較であり、大事なところで全きキリスト教を選ぶよう促す点にあった。

私が理解している通りなら、この本は日本において多大の貢献をなすであろう。

＊15
『小崎弘道自筆集（35）明治四十三年九月～明治四十四年十月』中に、「五月卅日　雨　午前原稿の筆記　夫《それ》より Denmark の宗教家 Petterson は熊本にある同国の宣教師 Wintter と共に来訪した」という記述があり、訪問日が確定できる。

田村直臣《たむらなおおみ》牧師

田村直臣（一八五八～一九三四）日本基督教会、日本のプロテスタントの指導者。大阪生まれ。与力の子。一八七四年に洗礼を受け、東京一致神学校を卒業。八〇年に植村正久らと東京青年会を設立、銀座教会（のちの数寄屋橋教会）の牧師となる。八二年にアメリカに留学、帰国後に数寄屋橋教会に復帰。日曜学校に力を入れ、児童向けに信仰を奨めていた田村は、言文一致の翻訳児童書『童蒙道しるべ』を八八年に出版した。九三年に英文で発表した『日本の花嫁』は、誤った日本を海外に紹介したとして批判され、九四年に日本基督教会から免職となったが、それ以外からは牧師として認められていた。

一九一一年の田村は、自営館（田村塾）を経営する牧師であった。

写真：田村直臣『信仰五十年史』（警醒社書店、一九二四年）所収

田村直臣牧師は日本の日曜学校のリーダーであり、最近の児童心理学と実践教育に深い関心を持っている。

私は東京の郊外にあって麦畑に囲まれている大きな美しい庭で彼に会った。体格がよく、生き生きとしていて機知もあり、自主性に富んだ性格で、見事な英語を話した。

学生がひとり庭で草取りをしていたが、それが会話のきっかけとなった。

「ええ、私のところには一五～六人学生が住んでいます。自由時間に庭仕事をしているの

です。アメリカ式のほんの小さな試みです。私はもともと儒者であり侍でしたが、東京でいちばん初めに改宗したひとりで、改宗後に四年アメリカで過ごしました。*16 そこで目にしたのが、学生たちが食費を稼ぐために在学中に幅広く仕事をしていたことでした。私はそれが気に入り、日本でも行なおうと決めたのです。それで高等学校生と大学生を何人か家に住まわせました。私の条件は、学生が貧しく優秀であること（［成績が］学校の上位五分の一に属するもの）、そして食費のためによろこんで働くことでした。その目的で酪農と印刷所などを始めたのですが、うまくいきませんでした。そうした事業で現金一万八〇〇〇クローネを失いました。

西洋のアイデアは、そのままでは東洋では移植できないのです。ここでは条件がまったく異なっています。たとえば日本では、客を獲得しようと思ったら、［取引先の］使用人たちにたっぷりチップをやらなければなりません。私のところではそうしませんでした。その結果が、当初はたくさん客がいたにもかかわらず、みな去ってしまったのです。それからほかにもいろいろと問題があり、結局酪農はやめてしまいました。

次に始めたのが印刷所です。仕事を順調に続けるためには、学生たちのほかにプロの植字工が何人か必要でしたが、それが印刷所に悪い雰囲気をもたらし、うちの学生たちをだめにしそうになりました。それで印刷所は失敗に終わったのです。以後、そうした試みはもうたくさんでした。学生たちには庭仕事をさせるだけで満足することにして、その生活費は私が面倒を見ることにしたのです。今はそれでうまくいっています。ご覧のように庭は立派に育っています。特に秋には、私の二〇〇〇本にのぼる楓が美しく黄色や茶色に紅葉し、見事です。そして学生たちも成長しています。それがいちばんですよ！

ところが私は別の方向でいろいろと難しい問題を抱えていました。もともと教育の仕事をしていたのですが、それと同時に私は、今でもそうですが、ここの教会の牧師でした。それが教会に訪れた三つのうち最初の危機の要因だったのです。周囲の人びとは、私が教育活動をあきらめ、牧師の仕事に集中するよう願っていました。でもそれは私にはできないことでした。結果的に言っても、それでよかったのでした。私の家に住んでいた二〇〇人あまりが今は常勤の職についていて、みな優秀で影響力のある仕事をしています。三名が帝国大学の教授で七人が牧師、［そのほか］法律家、銀行員など多数です。*17 私が教育の仕事を手放さなかったせいで、教会の信徒が七〇名ほど離れていきました。

次の危機は、［三位一体説を排する］ユニテリアン主義が原因でした。日本では一時期ユニテリアン主義が相当の勢力を持っていて、その当時、五〇名ほどの若者が、私は保守的で古くさいと言って離れていきました。

最後の三つ目の危機は一六～七年ほど前でした。ご存知かもしれませんが、私は『*The Japanese Bride*（日本の花嫁）』［一八九三年刊］という題の本を書きました。日本女性のおかれた立場を忠実に描写し、日本女性が立ち上がるための契機として書きました。けれども容認されませんでした。外国人の目の前で日本を穢すものだ、ということで、日本の国民的誇りが許さなかったのです。政府は本を発禁とし、日本での販売を禁じました。当時私が所属していた長老教会も、私を除名することで日本国民たる側面を露にしました。私の教会の信徒たちも大部分が離れていきました。除名された男を牧師にしておくわけにはいかないと。

その最中には非常に厳しかったこれらの危機も、実際問題としてすべて好転したのです。第一に、私の本はそのせいでかえって知られるようになり、普及しました。私は当時、人びとに言ったものです。「知らんぷりしていれば、だれもあの本のことなど気にしませんよ。騒げば騒ぐほど、本の宣伝をすることになる」と。けれどもだれも耳を貸しませんでした。それで私の言った通りになり、思わぬほど普及しました。でもそれだけではありません。こうした喧噪の中を潜ったあげくに、日曜学校の仕事に携わることができたのでした。

私はいつも子どもたちを相手に仕事をしたいと思ってきていました。その機会が自然に訪れたのです。大人たちは私の言うことに耳を貸そうとしませんでしたから、私は子どもたちに向かいました。子どもたちは「除名された男」を恐がったりしません。子どもたち相手の仕事を通じて、教会の信徒たちをふたたび集めることができ、数多くの忠実な集団に囲まれるようになっただけではなく、日本における日曜学校活動にとって画期的な仕事ができるようになったのです。

それは疑いなく、きわめて大事なことでした。わが国の官立の学校には宗教色がありません。一〇年後、二〇年後にはどうなっているでしょうか。もしも教会が子どもたちにキリスト教について啓蒙しなかったならば、青年たちはキリスト教に無知になっているでしょう。それを避けるためには日曜学校がすばらしい手段なのです。活動がきちんとなされるならなおさらです。

私は国際的なテキストを夢中になって使ったりしません。それは聖書を前後関係が支離滅裂な小さな断片にしてしまっています。日曜学校は、子どもたちに聖書の歴史に関する順序だった知識を与えるべきです。そうした目的で私は日曜学校のための教科書を何冊も発行しました。一一シリーズあります。そのほかにも日曜学校の先生たちのためにハンドブックも発行し、今は子どものためのキリスト教新聞を始めようとしています」

田村牧師はこれらすべてのことがらを、右に左に（腕を振りつつ）何度も脱線しながら話してくれた。彼は言語を操るのに巧みで話し上手、聴く者を夢中にさせ、まさに子ども相手の仕事にはうってつけだという強い印象を受けた。

日曜学校教師用の彼の本は、言語的に非常にすばらしく、宣教師たちが日本語教育の基礎として受け入れている。彼が他の方面から不当に扱われたというのも、私は少しも疑っていない。彼の著書『日本の花嫁』は人間愛あふれた現実の描写である。このような本を禁書にする国ならびに教会は、国家的虚栄心で溺れそうになっているのである。日本女性の地位は、ある点ではインドや中国の女性たちよりましかもしれない。けれども人間的観点からはだめである。田村牧師は例として、日本人の妻たちがその場の都合でいい加減に扱われているのを指摘していた。すなわち、ある若い妻が食事の時に夫に魚の尻尾の部分を出して、自分は頭を取った。それを姑は息子に対する許しがたい侮辱と見なし、嫁を追い出した。嫁の意見では、尻尾の部分は骨もなくいちばんいいところだと思ったから出したのだ、と説明したにも関わらずにだ。けれども問答無用、嫁は家を出なければならなかった。[*18]

このような状況は変えられなければいけない。そうはっきりと宣言したわれらの牧師は、尊敬に値する。

田村牧師がわが道を行く独立独歩の人であるかもしれないのは、私にもうなずける。最後に彼は大きな集会所を見せてくれた。すべて自然木で作られている。どんなに節があろうと、木の材料はすべて元の色と形そのままになっていた。私には彼がまさにそのように見えた。節があり、削ってなく、自然とともに、子どもに元来備わっているものに対する愛とともに自己成長している。何はともあれ、それも男として悪くないではないか。

＊16 維新前に儒者であり侍であった者がキリスト教に「改宗」したという表現がされているが、儒者は、特に江戸時代では儒教というよりは儒学を「学んだ」朱子学者か陽明学者であったにちがいなく、儒学はいずれの系統も宗教ではなく政治哲学であったから、宗教ではなかった。どのような形であれ強い「信心」はあっても、教義に基づいた宗教的「信仰」はなかったと言ってよく、したがって「改宗」という表現には無理があるように思われる。

＊17 田村直臣牧師のところにいた若者のうち、今は牧師になっている者の数が「七名」だと訂正したのはウィンテルである。

＊18
『日本の花嫁』*The Japanese Bride*（一八九三年刊）は稀覯本である。田村直臣が明治日本の女性と家族の状況を「結婚」に焦点を合わせて論じた著書であるが、それをナショナリズムと日本基督教会との関連で分析した英文の論考を、エミリー・アンダーソンが発表している。それによれば、同書は次の八章より成っている。

「なぜ結婚するのか」「結婚相手探し」「仲人」「結婚の準備」「結婚式」「新婚旅行」「家での新郎新婦」「母親と祖母」

アメリカの読者のために書かれた本書は、自由な選択ができずにさまざまな「壁」がある日本の結婚制度と慣習を、日本人の立場から、かなり距離をおいて描写したものである。家庭内のことをさらけ出すのは、特に外国人に対して語るのは「恥」だと思う日本人が多かった時代に、日本の伝統的な家庭内に見られた「不平等」について率直に語っているのは評価すべきだが、アメリカとの比較において、その家庭制度をキリスト教の精神に則っているとして肯定的にとらえ称えているのに対し、日本の習慣は不快で時代遅れで仏教的だと裁断している点は、二項対立が単純すぎるのではないかと思われる。

本書が発行されてまもなく、新聞『万朝報《よろずちょうほう》』と『日本』が本書を真っ向から批判したが、エミリー・アンダーソンは、両紙とも日本の英字新聞 *The Japan Mail* の書評を読んだだけで本は読まずに非難していた、と指摘している。Emily Anderson: Tamura Naoomi's "The Japanese Bride": Christianity, Nationalism and Family in Meiji Japan. *Japanese Journal of Religious Studies*. Vol. 34, No. 1, Christians in Japan (2007), pp. 203-228を参照。

植村正久《うえむらまさひさ》牧師

植村正久（一八五八〜一九二五）日本基督教会、日本のプロテスタントの指導者。江戸生まれで旗本の子。横浜でバラ（James Hamilton Ballagh, 1832-1920）の英学塾で学んで受洗した。東京一致神学校でブラウンについて学ぶ。一八八〇年下谷教会牧師に就任し、八七年に番町教会（のちの富士見教会）を創立。翌年洋行し、五か月ロンドンに滞在する。九三年に米国で出版された田村直臣の『日本の花嫁』を批判する。九〇年に「福音週報」を創刊、のちに『福音週報』として刊行、日本基督教会の動向を伝えた。一九〇一年、海老名弾正とドイツリベラル神学を巡って論争、一九〇四年に東京神学社を設立。その後、正統的福音主義の立場をとり、外国ミッション（宣教団体）からの独立を敢行した。各地を伝道してまわり、一九一一年には欧米に向けて出航した。スコウゴー＝ピーターセンはその直前に出会ったことになる。
写真：国立国会図書館「近代日本人の肖像」より

長老派教会［日本基督教会］の東京、いや日本における第一人者は植村牧師である。他の日本の多くの優れたキリスト者がそうであるように、彼も元は儒者で、仏教徒ではなかった。彼は英雄崇拝を通じてキリスト教に入ってきた。彼の少年時代の理想像は加藤［清正］だった。いや、少年時代の神だった。祈りをあげていたくらいだったからである。けれども学校の仲間が彼を冷やかした。「お前は神なんかじゃない者を神として崇めている」と友から言われた。それが応《こた》えた。彼は加藤に背を向け、しばらく神なしでいた。ちょうどそのころキリスト教の宣教師たちに出会った。彼らは「神がいる」と言う。それを聞いてうれしかった。同時に聖書でキリストのことを知り、キリストが彼の英雄になった。当時の彼は、自分の罪について何も分からずにいた。したがってキリストが罪人たちの救済者であることも理解できなかった。けれども、自分の若い心を満たしよろこばせてくれる血と肉を持った神が欲しかった。それをキリストに見つけたのである。一五歳の時だった。若かったにもかかわらず、何と彼は説教を始めたのである。一八七二年に一一名の日本人が〔開国後の日本で〕初めて洗礼を受けたとき、彼はいっしょに教育を受けたが、まだ若かったため、自ら洗礼を受けたのはあとになってからである。サミュエル・ブラウン〔Samuel Brown, 1810-80 アメリカ・オランダ改革派教会の宣教師〕の牧師学校で彼は神学教育を受け、一八八一年以来、一、二年を除いてずっと東京で活動を続けてきている。教会を三つ立ち上げた。最後に設けた教会〔富士見町教会〕で今もなお牧師を務めると同時に、彼は牧師学校（外国人の手を借りずに日本人だけで運営されている日本最初の牧師学校）〔東京神学社〕の校長でもあり、キリスト教関係の雑誌、一六ページから成る週刊誌『福音新報』と月刊誌『神学と文学〔日本評論』の編集長である。

以上のことはほぼすべて彼の口から直接聞いたことである。ちなみにわれわれは彼の自宅で日本式に床に座らされた。その家というのがまた、先の戦争［日露戦争］で有名になった東郷元帥の邸宅の真向かいにあったのだった。

植村牧師は、パッと燃え上がるというよりむしろ重々しい第一印象を与えた。髭はなく、どっしりとしていて、あごが広く、細い目が異常に長く切れていた。ハンサムでも「精神が光を放っている」タイプでもなかったが、その小さく固まった身体には何かしら一徹で真っ正直なところがあり、それがたちまち信頼を抱かせた。ひとつ答えるたびにまず目を閉じてじっくり考え、半分押し殺された声で「It is a hard question.（会話は英語でなされた）」とつぶやいていた。けれども応えはあり、それは意義深いものだった。

長いインタビューになった。途中で何度も感じたことだが、このゆったりとして重々しい人物の奥には生き生きとした流れがあり、うまく捉えさえすれば迸り出てくるにちがいない。けれども、迸りこそしなかったものの、貴重な情報をいくつも得ることができ、この人物が、闘うために生まれてきて、キリストを信じて恥じるところなく話をしているという強い印象を受けることができた。

彼は次のようなことを話してくれた。「先日友人と会合しました。前もって出されていた題は、「The Christianity, which Japan wants.」でした。友人はこれを、「日本の欲するキリスト教」と言う意味でとらえていたのですが、私は別の側面から、「日本が必要とするキリスト教」として、はっきり言いました。日本はまさに、自分では欲していないキリスト教を必要としているのだと。日本は罪と和解なしのキリスト教を欲していますが、必要としているキリスト教は、古い聖書の意味での罪と、十字架に掛けられた神の子キリストに示されている和解を説教するキリスト教です。*19 私の立場を要約すればこのようになります。ひとつ付け加えておきますと、私はあなたの同国人マーテンセン［Hans Lassen Martensen, 1808-8］の倫理と教理についての本を読み、非常にためになりました。［*Den christelige Dogmatik*, 1849; *Den christelige Ethik*, 1871-78］

日本におけるキリスト教は、いつぞや夢見たような一大前進をしませんでした。けれどもその進歩に目をつぶっていることはできません。ムーディー［Dwight Lyman Moody, 1837-99 アメリカの福音伝道者］のような人が一五年ほど前に日本へ来ていたとしても、おそらく何もできなかったでしょう。もしも神がこの日本でムーディー風の福音伝道者を目覚めさせることができるのなら、大いなる復活が訪れる見込みが出てきます。少なくともその方向に進んでいきます。

政府は目下のところ、われわれキリスト者に対してあまり好意的ではありません。キリスト教の個人主義が、日本では重要な三点を弱めるのではないかと恐れているのです。すなわち、政府の権力、民衆の統一、祖先と天皇の崇拝です。キリスト教が目覚めさせた個人の権利に関する感覚が、将来的に見て民衆の権利にまで増大する感覚になることは否めません。でもそれは無政府主義とか悪い意味での民主主義を意味するものではないはずです。キリスト教の個人主義には、キリスト教の高い倫理というごく自然の平衡力があります。でもそれがなかなか分かってもらえません。キリスト教なしの個人主義は危険ですが、信仰の個人主義はそうではありません。

ところが政府は、キリスト教を正面からではなく間接的に攻撃しているのです。たとえば私は、目下古代ローマにおける皇帝崇拝に関する論文がいくつも準備されていることを知っています。新しい日本における天皇崇拝を強化するために利用されるのです。西洋の外交官たちまで［それを］私たちに向けて利用しています。日本に来た最初の外交官たちは、強く筋金入りのキリスト者でした。日本政府に仕えるために来た最初の西洋人たち［御雇外国人］も同様に、そう簡単には同調しませんでした。日曜日問題で係争があったことを、もしかするとご存知ではありませんか？　西欧から送られてきた人たちは日曜に仕事をすることを拒否しました。そこで日本政府は妥協して、一〇日に一度休みを与えることにしましたが、外国人たちは不満で、日曜は休んでいました。すると政府は、一〇日に一度を七日に一度に変えたのですが、それでもだめでした。外国人たちはただの休息日が欲しかったのではなく、「主の日」を要求していたのです。空威張りをしていた政府も仕方なくそれを受け入れ、結果が今は、公の事務所、銀行、学校で日曜が導入されました。商業の分野ではまだですけれども。それが当時でした。外国からの使節にはキリスト者の力が備わっていたのです。以後は必ずしもそうではなくなっています。屈服すべきではないところで多くの人びとが屈服しています。たとえばお葬式です。異教徒がするのと同じように死者に対してお辞儀をしています。それを見て政府の関係者は言うのです。「ほら、西欧の外交官を見てみなさい。あの人たちもキリスト者なのに日本の古いしきたりに従っている。なぜ君たちにはそれができないんだ。」

それには私たちも我慢して、耐え忍んでいます。それはそうと、政府の態度はいずれ近いうちに変化するはずです。たぶんご存知だと思いますが、もうすぐ大臣が入れ替わります。」

［八月に桂太郎内閣が総辞職］

それから話題が彼の教会に転じた。彼の話では、今の教会には洗礼を受けた者が五〇〇人ほどいるそうだ。それが三〇ほどの「活動グループ」に分かれ、近隣者同士の会合を開いているという。どの会合でも、指導者たちだけではなく参加者たちが自由にお祈りをすることになっている、と彼は強調した。こうした活動が教会信徒たちのお祈りにより成り立っていることが、彼にとっては疑いなくもっとも重要な点だったのである。

ほかにもいろいろな点で彼の聖書に対する愛がみとめられたので、日本の聖書翻訳についていくつか質問をしてみた。彼は、最初の試みとしてはまずまずだが、言葉の力が乏しく統一性が欠けているし、格調が高すぎてまだまだ一般民衆には向かない、と言った。彼はかつて、賛美歌の翻訳をしてフェルベック博士［フルベッキ Guido Verbeck, 1830–98 アメリカに移住したオランダ人の宣教師］を手伝ったことがあるのだが、その部分をも今は民衆的でないと見なしている。「民衆的な言葉［口語］が将来はきっと日本の書き言葉になるでしょうから、聖書の翻訳もその言葉でしてほしいです。」

最後に、日本にいる宣教師の数を増やしてほしいか減らしてほしいか、尋ねてみた。植村牧師は、宣教師たちとその活動について時々驚くほど辛辣な発言をしていたからである。彼の答えて曰く「宣教師といってもいろいろな種類がいます。ここへ来て外国のお金を分け与えたり、飾りごとの報告を書いたり、事務的な活動をして統治しようとしたりする宣教師はいなくてかまいません。けれども、直接に福音的な活動をするために来る人でしたら、いてくれなくては困りますから、その数は増えてほしいです。」

会話の間にわれわれは、彼のお嬢さんが運んできてくれた日本のお茶をまず一杯、それから台湾のお茶を一杯ごちそうになった。どちらのお茶も飲み干され、時間になった。植村牧師の歓待とすばらしい言葉に心からお礼を述べて退席した。

植村牧師が指摘した、古代ローマの皇帝崇拝に関する論文が日本の天皇崇拝を助長するという点に関して、次のことを付け加えておきたい。天皇の写真に対して正月元旦と天皇誕生日に礼拝することは、以前どの学校においても義務づけられていた。けれども天皇自らが、キリスト者に対する配慮から、「礼拝」という言葉を「敬礼」とすることを望んだ。けれどもこの変更はさして意味を持たない。と言うのも、言葉より現実になされていることの方が根強いからである。天皇礼拝は日本人の血に流れている。ある時、宣教師が説教の中で、人間誰しもがひとりの例外もなく罪人である、と言ったところ、聴衆のひとりが立ち上がって、「天皇陛下も例外ではないのですか?」と聞いた。宣教師は、そうだと言えば天皇を侮辱したと受け取られるのが分かっていたので、少々動揺した。けれどももうひとりの聴衆が、質問を発した者に向かって、「馬鹿者！　天皇陛下は人間じゃない！」と大声で言ったので、その場を切り抜けることができたのだった。

＊19　植村正久は、正統福音派のキリスト教とリベラル神学派の中間をいくいわゆる準正統派の立場をここで明らかにしている。

本多庸一《ほんだよういつ》長老

本多庸一（一八四九〜一九一二）弘前に生まれる。藩校では漢書や儒学を学んだが、戊辰戦争後の一八七〇年に横浜でブラウンに英語を学ぶ。ついでバラの塾に入学。塾生の植村正久らとともに日本初のプロテスタント教会、日本基督公会を設立した。七二年に受洗。横浜バンドの一員で、伝道師として七五年に弘前公会を創立した。自由民権運動に参加し、国会開設を請願。八四年メソヂストに転じ、長老となった。八六年、議員を辞し、仙台教会牧師などを経て八八年に渡米、ドルー神学校に学び、九〇年に帰国。東京英和学校（現・青山学院）の校長に就任。日露戦争時、内村鑑三らが反戦論を唱えたのに対し、主戦論を展開した。一九〇七年、日本メソヂスト教会設立に伴い初代監督となる。一二年、原敬内務大臣主催の神仏基の三教会同が行なわれた折にキリスト教の代表として出席。同年、長崎滞在中に客死。

一九一一年、スコウゴー＝ピーターセンは本多の死の前年に出会っていたことになる。

写真：国立国会図書館「近代日本人の肖像」より

本多長老は興味深い人物である。彼が日本最初の長老だったからだけではなく、彼のキリスト者としての本格的登場が、日本における福音伝道宣教の基礎作りと一致していたからである。

それは四〇年前のことだったが、当時はまだ法律も日本の民衆もキリスト教に反対していた。昔の大名たちは、その頃に、日本は西洋から学び世界を知ることでよりよい立場に立てることを理解し始めていた。そのために少なくない数の若者たちをヨーロッパ人たちのために開かれたばかりの港町に送った。その若者のひとりが本多だった。本州の北の果てにあった故郷の町［青森県弘前市］から彼は横浜に送られた。ほかの若者たちといっしょに特に英語を学ぶのが目的だった。でもどこへ行けばよかったのか。バラ氏とかサミュエル・ブラウン博士ら、宣教師のパイオニアたちのところで助けを乞う以外に道はなかった。彼ら宣教師たちは、すぐにも開かれるべき扉のあることを理解し、学校を設立した。そこで本多は、ほかの何人もの若者たちといっしょに英語と福音の信仰を学んだのだった。[*20]

特に彼らを神の霊の影響下に導いたものがふたつあった。毎日の聖書の授業と宣教師たちの祈りである。日々の活動は聖書を読むことから始まった。漢訳聖書が英語版といっしょに使われた。当時はまだ日本語訳がなかったのである。けれども、若い本多に聖書よりもっと強い印象を与えたのは、宣教師たちの祈りだった。特にバラの祈り。バラは片言の日本語しか話さなかったが、祈りの人だった。彼の祈りは、説教より強烈だった。その祈りの力を最初に感じたのが本多とその仲間たちだった。［当初］これらの若者たちは、宣教師たちを見下す傾向があった。宣教師たちの国やその国民に対して、彼らはほぼ無関心で、好奇心もほとんど見せなかった。にもかかわらず宣教師たちは、日本と日本人たちのために心から熱く信頼のおける仕方で祈っていたのだった。それが否応なく人の心を揺すぶり、心を開かせていったのだった。

一八七二年三月に最初の日本人一一名が洗礼を受けた。それからひと月ほどあとの五月一日に、本多は日本人女性としては初となるふたりといっしょに洗礼を受けたのだった。

当時、キリスト教に反対するポスター〔禁令〕はまだ取り去られていなかった。概して政府は、外国人と関わりのある若者たちに対して目を光らせていた。それにもかかわらず、これら禁じられていた宗教に転じた少数の若者たちに対して何も行なわれなかったのは、横浜のあった地方〔神奈川〕の知事のおかげであった。本多はそのことをあとになって知ったのだが、後年日清戦争時の外務大臣として有名になった陸奥宗光〔一八四四～九七〕が、知事時代から心の広い人物で、外国人に対して理解があったからだった。

横浜から本多は故郷の町に戻り、メソヂスト派の宣教師〔ジョン・イング John Ing, 1840–1920 アメリカ人宣教師〕といっしょに弘前の学校〔東奥義塾〕に関係した。こうして本多はメソヂストたちと関わりを持つようになったのだった。一八八〇年に彼は牧師の資格を得て、後に一年間ニュージャージーのドルー神学校で学び、一九〇七年、メソヂスト教会が日本で部分的に統一された時に、その監督に選ばれた。

土砂降りの朝、われわれはメソヂストたちの学校と大学のある東京の大きな学園［青山学院］を訪れた。本多はそこの庭にあった小さくて質素な家に住んでいた。住まい同様、彼も慎ましかった。穏やかで優しい表情をして、髪は薄く、灰色の口髭が突き立っていた。

対話はごく自然に、日本におけるメソヂスト教会統一のための努力に関する問題に入っていった。一九〇七年まで、日本には八つの異なるメソヂスト派があった。カナダ、アメリカ合衆国の北と南それぞれのメソヂスト教会、自由メソヂスト、プロテスタントメソヂスト、綜合伝道団、ドイツ・アメリカ福音協会である。[*21] けれども最初にあげた三つの教会が統一し、その機会に本多が監督になったのだった。統一後には特に問題はなくなった、と本多は念を押した。残りの五つの独立メソヂスト派のうち少なくとも三つが統一派に加わるよう、本多は願っていた。そうならなかったのは、大きなグループに呑み込まれてしまうのを恐れていたからであろう。けれども現在、三つの独立メソヂスト教会内部で融合する交渉が行なわれており、それが実現すれば、たぶん統一日本メソジスト教会に合流するだろう。しかし、三つの教会間の交渉は、アメリカのプロテスタントメソヂストが組合派教会に加わったために中断しており、当然のことながら、宣教の分野におけるほかのメソヂストたちの統一を困難にしている。

日本の統一メソヂスト教会は現在一〇〇以上の教会を擁しているが、そのうち経済的に自己負担ができているのはわずか二〇ほどだけで、大多数が支出の四分の一、多くのところが半分もしくは三分の二だけ支払っている。

日本におけるすべての宗派を統合して一大教会にすることは、本多監督は当分の間可能性の枠外にあると見なしている。統合体のことはしばらく話題になっていて、多くの一般の信者が賛成していたのであるが、問題をよく見通していなかった。見通せていたのであれば、経済的にも教義上でも実際面で解決不可能な難題であることがわかったはずである。

さんざん議論されてきている、日本はもう宣教師たちなしでやっていけるのではないかという問題について彼自身の意見を求めたところ、本多は笑ってはっきり「ノー」と言った。この件に関しては各方面から性急で軽率な言葉が発せられてきた、と彼は言った。教会運営部門では、それは宣教の本来の仕事ではないので、宣教師たちは不要であろう。外国人宣教師たちは、日本人聖職者に比べて高すぎるという反対意見も、的を外れている。［宣教師が要るのは、］必要なだけの日本人聖職者を確保できないというごく単純な理由からによる。一〇年ほど前はまったくどうしようもない状態だった。当時は学生のほぼ全員が世俗のいい仕事についていたからである。今はそうではなくなっているのだが、それでもなお、もっともっと多くの牧師と福音者たちが必要とされている。

国民の広い層がまだほとんど手つかずの状態にある。日本におけるキリスト教の活動はすべて、近い将来にキリスト教に覚醒することが望まれるような段階にまだ至っていない。そのような覚醒のための前提はいつでも、国民の性格に一種の子どもっぽい直接性があるか、もしくは国民が多大の屈辱を受けているか、それとも青年層がキリスト教の家庭の影響の陰に育っているかのどれかである。現代の日本ではいずれの前提も存在しない。日本人の性格は韓国人のように直截ではなく、疑問を投げかけ批判的である。ここ数年の間日本は、深刻ではあれ上昇期にあり、家庭内で権力を持っている世代は、キリスト教を支持するよりはむしろ反対する側に立っている。キリスト教へのほんとうの覚醒が起こりそうな気配はないとは言え、それでも、たとえば昨年冬の長崎であったように、覚醒は散発的に次々と発生している。

＊20
本文中にもあるように、ジェイムズ・ハミルトン・バラ、サミュエル・ブラウンら宣教師たちは、開港間もない時期に来日し、ヘボン式ローマ字で知られるヘボン夫妻らとともに、まだキリスト教が解禁されていない日本で、日本語を習得して塾を開き、優秀な日本人の若者を教育していたが、一八七二年にようやく横浜で日本基督公会を結成した。そのメンバーが横浜バンドと呼ばれる。ブラウン門下からは、後年日本のキリスト教会で活躍する人材が育ち、本書に登場する者だけでも、植村正久、井深梶之助、本多庸一の名を挙げることができる。

尊王攘夷の時代に日本に滞在することは、外国人にとってはリスクを伴うものであった。それは開港地でも同様であったが、行動範囲が限定されていた分、横浜の開港地内では英仏の駐在軍に守られて比較的安穏であった。しかも横浜は最初から開港地として設けられた町であっただけに、極めて西欧風で、西欧人の住む住居や店舗、服装から食事、さまざまな慣習に至るまで、生きた英語を学ぶ環境が整っており、学習に適していたようである。使われていたテキストはおそらくほとんどがキリスト教に関連するものであったに違いなく、英語教育とキリスト教教育は不即不離の関係にあったであろう。

＊21
ウィンテルは、日本にはUnited Brethrenも入っているので「八派」ある、これはアメリカ

のUnitas Fratrumと混同してはいけない、とコメントしている。スコウゴー＝ピーターセンは自著の中で「八」と訂正しているが、列挙しているメソジスト派は七つのみである。続く箇所でも計算が合うように「五つの」と訂正するようウィンテルが促したため、直されている。

中《なか》田《だ》重《じゅう》治《じ》校長

中田重治（一八七〇～一九三九）弘前生まれ。明治～昭和期の伝道者。東奥義塾の校長で弘前公会の牧師をしていた本多庸一の影響を受ける。東京英和学校を中退後、渡米してムーディー聖書学院に学んだ。帰国後伝道者として活躍し、一九〇一年神田に聖書学校を設立、一九〇五年に東洋宣教会を組織、のち一七年にこれをホーリネス教会と改称し、初代監督となった。その間、世界旅行ならびに活発な伝道旅行を行なった。また、一八年には内村鑑三らとともにプロテスタントの超教派の運動である再臨運動に加わるなどして、晩年まで波乱万丈の伝道者の道を歩んだ。

一九一一年、三月に妻を亡くした中田は五月に静岡、神戸で巡回伝道をしていた。

写真：米田勇『中田重治伝』（中田重治伝刊行会、一九五九年）所収

中田牧師は東京の聖書学校の校長で、多くの人の意見では、日本でいちばん重要な福音者である。

私が彼に初めて会ったのは、神戸の覚醒集会であった。彼の話を聞いて、モット［ジョン・モット John Mott, 1865–1955 ＹＭＣＡのリーダー］の有名な言葉を完全に理解することができた。——「キリスト教が西洋で滅んでも、東洋からふたたびわれわれのところへ戻ってくるであろう。」

中田の外観は、小男だががっしりした体型、丸い顔をしていて髪を短く切っていた。けれども一目見て、アメリカ人が「ストロングマン」と呼ぶ性格の持ち主なのがわかった。彼のほほえみは、救済された魂の幸福と健康な性質の気まぐれで輝いていた。彼の小柄でコンパクトな個性には、独特の豊穣さがうかがわれた。彼の話は、彼の外観同様だった。『テトスへの手紙』三―三以下について、大衆的なユーモアと強く熱い信心を込めて語っていた。われわれ西洋人の意識からすると、彼には少々役者じみたところがあったが、その点東洋人はそうした強い刺激にわれわれよりも耐えられるようだった。けれどもわれわれにとっても決して反感を起こさせるようなものではなかった。たえず安心して聞いていられ、だまされるようなことはないと感じることができた。秘められた自己投影も自己陶酔もなかった。彼は完璧に魂に仕え、神の眼前にいた。

話の内容はさして特別なものではなかったが、的確で、極めて個人的で、完全に福音的だった。

特にどうという歌声の持主ではなかった。けれども彼のソロの歌は強烈な印象を与えた。ブラヴォーと叫びたくなるように歌うのではなく、神の心に身を近づけたいと思いたくなるよう歌い方だった。

その後で彼の東京の自宅で会った。前述のごとく東洋宣教会聖書学校の校長だったが、神戸での説教の時と同様、東京でも温かみがあり開放的だった。お願いしたところ、自身のことを話してくれた。弘前の武家出身で、上から二番目の兄が今の本多監督の影響を受けてキリスト者になった。本多が弘前で学校を開いていた時である。その後間もなくこの兄は、わずか一四歳で亡くなった。死の床で彼は母親に、「キリスト教の先生」のところへ話を聞きにいくという約束をさせた。中田の母は、当時キリスト教に対して非常に苦々しい思いを抱いていた。けれども約束を守り、説教を聞きに通い始め、その時はまだほんの小さな子どもだった中田を連れていった。やがて母親はキリストに真剣に惹かれるようになり、洗礼を受けて、そのためにすべてを失った。けれども本多が彼女と中田の世話を引き受け、そのために中田は、今の今でも本多を父親代わりの友人でありかつ恩人と見なしている。

一七歳の時に中田は真摯な罪の告白を行ない、その関連で実り豊かな個人的な信仰の突破を体験した。その後東京のメソヂスト学校とゼミ［青山学院］に通い、のちに自ら三年間牧師を務めた。*22 けれどもそれは満足のいくものではなかった。自身の聖化に何か不足するものを感じ、同時に、一か所に定着した牧師である代わりに、旅をする福音者になるべき使命を感じたのだった。そういったことすべてを彼はアメリカのムーディー氏［Dwight Lyman

Moody, 1837–99］に書き送った。シカゴへいらっしゃい、そしてゆっくり話しましょう、という返事が来た。当時中田は結婚していた。みんなが旅立つなと助言したが、彼の妻［かつ子］は例外だった。彼女は彼の志の後押しをし、そののち、彼が長期にわたって不在だった間、自分も子どもたちもひとりで養った。それで中田は出発できた。そしてシカゴのムーディーの聖書学校で、トーレー［Reuben Archer Torrey, 1856–1928］の指導のもと一一か月学んだのである。それでもなお胸の内に何か足りないものを感じていた。ほかの者たちはさかんに、力だ、力だ！と言っていたが、中田にはよく分からなかった。「力」なら、いろんな面で自分には備わっていると思っていた。それよりも潔白が欲しかった。個人的な秘められた潔白である。そこで、精一杯心をこめ、根気よく主にそれを願った。そしてようやく一八九八年の一一月二二日（私は聞いたことをそのまま伝えている）、神は彼の祈りを奇しくも聞き届けたのだった。それはあたかも身体中に「神が溢れる」ような体験で、そうして中田は力も潔白も、さらにほかの良きことどもを得たのである。

中田は説教をして回ることになった。学業を中断し、五か月間カナダと北米を福音者として旅行した。人びとには彼の英語がほとんどわからない、ということがしばしばあった。けれども彼の話の精神は理解できた。彼の説教は無駄ではなかった。ようやくニューヨークまで達し、そこからイギリス経由で帰国した。そのお伽話のような帰国話を、彼は生き生きと愉快に話してくれた。真剣な話の途中で、われわれは何度も文字通り腹を抱えて笑い転げた。話の後で彼は、旅行談が短く書いてある小冊子をくれた。彼の話を再現する代わりに、以下にそれを翻訳しておこうと思う。彼の話し振りがよくわかるようにだ。

「大西洋をいかに渡るかが大問題だった。海は広く、私は泳げない。旅費もなかったので、船賃も払えない。そこで家畜を運ぶ蒸気船のカウボーイになり、船でアルバイトすることにした。早速私は船会社をいくつも訪ねてみたが、代理人たちは私のなけなしの金をポケットから取り上げようとするばかりで、仕事など紹介しようとしなかった。とうとうひとりが、私が相手にしていた連中は詐欺師だと教えてくれた。もう自分で仕事場を探すほかにない。さんざん探したあげくに、出帆寸前の船を見つけ、家畜の世話をする代償にただで旅をすることができた。一〇〇頭ほどの馬と五〇〇頭ぐらいの牛がいた。もちろん私以外にもこんなにたくさんの動物の面倒を見る者がいたが、その連中ときたら！　ほとんどがプロの乞食で、真の悪漢もいた。後にも先にもそれほどまでに不信心な連中に出会ったことはなかった。だれも私が牧師だということに気がつかず、私は海が耐えられず、航海中ほとんどずっと船酔いだった。けれども見張りの者は容赦をしてくれなかった。彼は私を蹴飛ばし、無理に起こした。しっかりつかまって吐くために、私も我慢して立っていた。少しでも休もうとすると、いつでもすぐに見張りが飛んできて私を蹴った。ほかのカウボーイたちも［私を］蹴った。馬も牛も蹴ったので、死ぬかと思ったほどだ。一度、五〇キロ以上もある重い藁の束を担いで歩いていた。船は激しく揺れている。背中に藁を結わえ付けてあった綱がおそろしく食い込んで、藁をようやく下ろした時には手の皮が文字通り真っ二つに切り込まれていた。ほかの牛番たちはあまり動いたりしなかった。船では私ひとりが東洋人で、たえず追い回されて何でもやらされた。おまけに食べるものがろくになかった。仲間のうちの強い者が先に欲しいものを取ってしまい、ほかの者は残り物で我慢していた。

ある日、牛番のひとりが私の荷物をひっくり返し、「中田重治牧師へ」と書いてある手紙を見つけた。彼は非常に驚いて、私は牧師なのか、と聞いてきた。そうだと言うと、「どんな牧師なんだ」と意地悪く聞き返した。「もちろんキリスト教のだ」と私は答えた。信じられないようで、ほかの牛番たちの笑いを買うために、ここに説教師がいるぞ、と言った。ちびの日本人がキリスト教の牧師だとは夢にも思っていなかったので、みんなはなぜ私がカウボーイなどをしているのかを知りたがった。「単純な話だ。旅費がなかったので、なんとかしなきゃならなかっただけだ」と私は言った。「ほんとに説教ができるのか?」「できる」と答えると、日曜ごとに彼らのために説教をすることになった。藁の束が説教台になり、聴衆は、と言っても見たこともないひどい聴衆だった。罵り、笑いこけ、私の言うことすべてを歪曲した。ひとりとして神に改宗した者はいなかった。けれども、説教を通じて機関士のひとりと接触することができた。彼はかつてまじめなキリスト者だったことがあり、私に対して親切で、食べ物を手に入れてくれた。それが船上の牧師を務めた唯一の報酬だった。

ようやくテームズ河の入り口に達した。二週間の船旅だったが、凄まじい日々だった。グリニッチで私は船を降りた。けれどもロンドンのことはまるでわからない。どこへ向かうべきかもわからない。私は荷物を首に掛けて、運を頼りに歩き出した。腕白小僧どもが私のわずかな持ち物を盗もうとしたが、幸い不首尾に終わった。私を導いてくれるよう、心から神に祈った。いろいろと困難があった後で、やっとある鉄道の駅にたどりついた。私がどんな風体だったか、描きようもないが、身体中汚れっぱなしで、薄汚い乞食のようだった。家畜と藁にはさまれて寝ていたので、着ていたものがひどい悪臭を発していた。船で身ぎれいにしていることなどできるわけもなかった。私はいつも小突かれて仕事をさせられていたので、相変わらず牛番の格好でいたのである。けれども、光明と助けを神に祈っていた時に、ふと、リーダー・ハリス氏という人に宛てた紹介状を持っていることを思い出した。ペンテコステ同盟会英国支部の部長だった。私はアメリカでこの派に所属していたのである。そこで彼の住まいを見つけることにした。ようやくの思いでたどり着いたものの、ドアを開けた娘がどうしても私を中へ入れようとしなかった。まだ牛番の格好をしていた私を浮浪者だと思ったのだ。なんとかその困難を乗り越えて、ハリス夫人と会うことができ、私は救われた。彼女は私に会ってよろこんでくれた。アメリカから私が来ることは手紙で知らせてあったのだ。薄汚い私だったが、心から歓迎してくれ、まともな食事を出してくれた。それが何よりだった。飢えきっていたからだ。

ハリス氏の助力で私はもちろんロンドンのペンテコステ同盟会と連絡がつき、そこの聖なる人びとととともに恵まれた時を過ごすことができた。ロンドン滞在中に多くの神の子たちと出会い、神は私の必要としていたものを奇しくもすべて下さった。それは私の魂にとって、元気を取り戻せた恵みの時であった。

やがて先を急ぐ日が来た。日本へ帰るのだ。ハリス氏もほかの友人たちも反対したが、私は旅をするためにふたたび働くつもりだった。できることなら働いてみること、それが神の意志だと思っていた。それ以来学んだことだが、最適なのは「膝をついて働くこと」だった。

私は最近［一九〇六〜七年］二度目の世界一周旅行［中国―イギリス―アメリカ旅行］をしたが、私は「祈って」回ったのだった。

私は出立することにした。出帆間近の新鋭蒸気船を見つけて、「二等室の客室係」の職を得た。牛の世話をするよりはましだった。船は佐渡丸という名だった。友人たちが大がかりな送別会を開いてくれ、多少のお金をくれた。

船はちょっと沖合に錨を下ろしていた。乗船するためにはほかの乗客たちといっしょに大きなボートを利用しなければならなかった。乗客はヨーロッパ人だったが、日本人も何人かいた。ボートで揺られている間にひとりの老人がしばらく座ったままじっと私を観察していた。そしていきなり私のところへ来て、「中田じゃないか？」と聞いたので、そうだ、と答えた。それは珍田男爵［珍田捨巳、一八五七〜一九二九］だった。その当時はブラジル公使で、後に外務大臣［次官］になった人である。彼は私と同郷で、以前からの知り合いだった。再会に非常に驚いて話しているうちに、何等の部屋で旅行しているのかと聞かれた。「何等でもない」と私は答えた。彼はおかしいと思ったらしく、福音書の下僕である私が、なぜ船でボーイなどをしているのかと尋ねた。「君の宣教団体が旅費を支払うのではないのか？」「いや、私は自分の責任で自費で旅行しているので、それにふさわしいやりかたをしている。」

彼は私に旅費を与えようと言い張ったが、私は受け取ることを断った。それでも愉快に話をすることができた。ボートでは私が「お客」のような扱いだった。日本の公使の友人として。

そうして何日か航海したある日、珍田男爵が、訪ねてくるようにとの連絡をしてきた。そんなことができるわけがない。彼は一等船室の乗客で、私は二等船室のボーイである。かわりに彼の方が私の船室までやってきた。それまではすべての乗客が「中田！」と呼んでいた。右から左から「中田！　中田！」と聞こえてくるたびに、私は「はい！」と応えて、教えられていたとおりに跳ね回っていた。けれども、公使が私を訪ねてきたあとは、だれもが「中田さん！」と呼ぶようになった。おまけにあとになって私が牧師だということを噂で聞きつけると、態度はすっかり変わってしまい、乗客の一部には、私を煩わせないようにと自分で寝台を整える者さえ出てきた。時々私と食事を共にするよう誘ってくれることもあり、私の同僚のボーイたちの不興を買っていた。

当時の船はさして便宜のいいものではなかった。たとえば船には理髪師がいなかった。私はある日、珍田男爵の髪を切ってあげたが、それ以来、人がしきりに理髪師を頼みたいと言ってくるようになった。ほかのたくさんの人たちが、髪を切ってほしかったのである。私は髪を切りまくった。でもお金はとらなかった。みなその理由を知りたがった。私の答えはいつでも、「私は牧師です。あなた方を助けるためにできるだけのことをしたいと思っています。でもお金は欲しくありません」。

シンガポールに着いた時に、珍田男爵と彼の秘書が町を車で回るツアーに誘ってくれた。香港では、私の学校時代の友人だった日本人の役人が世話を焼いてくれ、高官のような扱いをしてくれた。

こうしてお伽話のような体験をして私はやっと日本に帰り着いたのだった。」

中田さんを前にして私は、人種の違いが影を潜め、人間一般、キリスト者共通の思いが浮かび上がるのを、ほかのどんな日本人よりも強く感じたのだった。

＊22　中田重治が「東京のメソヂスト学校とゼミ［青山学院］に通い、のちに自ら三年間牧師を務めた」とスコウゴー゠ピーターセンが書いている箇所で、ウィンテルは「牧師」ではなく「教師」だったとコメントしているが、スコウゴー゠ピーターセンは訂正していない。

編集人内村鑑三《うちむらかんぞう》

内村鑑三（一八六一～一九三〇）明治・大正期のキリスト教伝道者で思想家。江戸生まれ。東京英語学校で学んだ後、一八七七年に札幌農学校二期生として北海道へ行く。七八年受洗。卒業後開拓使に務めるなどしたが、八四年に渡米、エルウィンの知的障害児養護学校で看護夫となる。八五年アマースト大学に移り、総長で牧師のシーリーの感化を受けて回心、福音主義信仰に立つ。八八年に帰国し、北越学館に就職、第一高等中学校に移ったが、ここで九一年に不敬事件を起こし退職。窮乏の中、九五年に英文で『余は如何にして基督信徒となりし乎』を刊行した。雑誌『国民之友』や新聞『万朝報』などに執筆した後、一九〇〇年に聖書雑誌『聖書之研究』を創刊。足尾銅山鉱毒事件では講演などを行なって活躍し、日露戦争中は非戦論を唱えた。福音主義と時事社会批判に基づく無教会主義を生涯貫いた。

一九一一年の内村は、原因不明の病気で病床についていた娘ルツ子の看病を行ない聖書研究ができないでいた。同年一〇月に『デンマルク国の話』を講演する。

写真：国立国会図書館「近代日本人の肖像」より

内村鑑三はもちろん私が東京で面会したひとりである。『余は如何にして基督信徒となりし乎』の中で、自分の信仰の進化を美しく生き生きと描写してみせた人物に会うのを楽しみにしていた。周知のようにこの本はデンマーク語でも読むことができる。

内村は、町と田舎の境目にあるずっと郊外の住宅街〔淀橋町柏木、現・新宿区〕に住んでいる。その場所を見つけるのに、少なくとも一〇回ほど道をたずねなければならなかった。彼はしごく親切にわれわれを迎えてくれ、なんと本物の椅子に腰かけさせてくれた。自身も洋服姿だった。その長めで少々ごつごつした顔はわし鼻が高く、かなりの出っ歯だったが、表情は柔らかく、好感が持てた。けれども、どこか神経質な印象を身体全体から受け、落着かない瞬き、両手の動き、「だから、だから、だから」とひっきりなしに繰り返される言葉の端々にそれがうかがえた。

内村は日本の教会活動において特別な位置を占めている。聖書に詳しく、聖書を信じているが、独立独歩の人である。どこの宗派にもどこの教会にも属していない。言わば日本のキルケゴールといった観がある。彼の編集する雑誌には、キルケゴールからの引用がたくさんある。けれども別にキルケゴールについて深い知識があるわけではなく、大体において、ドイツ人の友人を通して間接的に知っているだけである。目下のところイザヤ書に特に取り組んでいて、その新訳[*23]と、以前発行された賛美歌の翻訳への注解を発行することになっている。

それに関して彼はこう語った。

「聖書の基本的な考え、福音そのものは、どんな国民にも理解されます。ところが神学の世界では、われわれは論争をしているのです。東洋でも西洋でも同じです。」

それに触れて私が、東洋ではむしろ西洋の最新のリベラルな神学を夢中で取り入れようとしているように思えるが、とコメントしたところ、彼は続けて、

「そう、表面的にはそう見えます。けれども深いところでは大きな違いがあります。同じようでいて違うのです。東洋と西洋が接触するところではみなそう言えます。たとえば政治。西洋にも東洋にも（少なくとも日本には）議会主義があります。けれども、西洋では議会主義的な機構が民衆の権利ととらえられているのに反し、ここでは天皇の授けたものとなっています。そこには大変な違いがあります。この基本的な観点の相違から、議会主義の活動がまったく別のものになってきます。議会主義が日本ではヨーロッパとは別の位置を占めていることにあなた方は気がついていないのですか？　それはそうと、同じことが神学の世界でも言えます。東洋は、西洋の神学を、自分のところの古い汎神論的立場からとらえているのです。そのために西洋のキリスト教神学は、実は往々にして東洋の宗教を後押ししているところがあるのです。——東洋が必要としているのはそういうことではなく、ごく単純な福音書です。キリスト教は神学ではなく、東洋がそれ以前に持っていたものと同じではないこと

を徹底させなければなりません。それほど重要なことはほかにありません。

それに、私たちが必要としているのは福音書だけではなく、もう一歩進んで付け加えますと、ここ日本では、通常の英米風ではないもっと別の方面から福音書を見る必要があります。なぜなら、福音書とその中で営まれる個人的な生は、神学的考察によってだけではなく、教会という外的な形式によっても歪められているからです。そして私の意見では、改革派たちがその傾向にあるのです。彼らは社会的な側面と教会の組織に必要以上に重点を置いています。そうすることで、キリスト教のいちばん深い部分にあるもの、神に生きるひとりひとりの個人的生活と、そうした生を生きる権利を容易に覆ってしまいがちです。その点では、ルーテル教会が改革派より先に進んでいると思っています。だからこそ、私の雑誌ではキルケゴールとマルティン・ルターをしばしば引き合いに出しているのです。」

われわれはもちろん彼の観点をよろこび、同調を示したが、よろこぶのも束の間、話を聞くうちに、内村が個人の神とともに生きることとその権利をさらに突き進め、彼のいわゆる「無教会主義」闘争を組織的に行なっていることを知ったのだった。彼の意見によれば、正しくかつ理想的なのは、どこの教会にも属さないことであり、ある意味で、教会などまったく必要ないというのである。

これらの考えは別にキルケゴールから受け継いだものではなく、彼自身の内部で育ってきていたものだった。何かが疑いなく彼の儒教的出自と関連を持っていた。日本では、儒教は（仏教と神道とは著しい対照をなして）寺や神社、僧や神主といった組織のない宗教であるし、彼の考えは、自伝の中で語られていた特定の個人的な［儒教的］体験ときっとつながりがあるにちがいないからである。彼はまったく若いキリスト教徒として、ほかの若者たちといっしょに札幌で独立した教会を立ち上げた。けれども後にメソヂストたちと監督教会派の両者が、自分たちのところへ合流するよう彼らに対して要求した。私のおぼえている限りでは、その二つの宗派は、内村たちの教会の建物に出資していたのだった。その件が、まさに独立しようとしていた若者たちに苦い思いをさせた。そして、非常な努力をして受け取っていた金額を払って返し、キリスト教のどの宗派とも袂を分かったのだった。この青春時代の体験と儒教的教育、さらに生来の独立自尊の性格が彼を「無教会主義」の闘争に導いたのである。*24

そのような「ひとりだけのキリスト教」をめざす一方的な闘争は、長期的に見て危険なものになりはしないかというわれわれの質問に対して、彼は「それは時間が経てばわかることです」とだけ答えた。

にもかかわらず彼は、弱い者たちに対して教会組織が一種の支えになることは認めた。それに反し、強い性格の者たちは組織内で不具になってしまうので、独り立ちすべきだと言った。

＊23 ウィンテルから内村鑑三が「新訳」をも発行することを指摘され、スコウゴー＝ピーターセンは付け加えている。

＊24 付録2「内村鑑三『デンマルク国の話』」（二九〇～七頁）を参照。

井深梶之助《いぶかかじのすけ》博士

井深梶之助（一八五四〜一九四〇）明治〜昭和期の日本基督教会の指導者。会津生まれ。会津藩校学頭の子。会津戦争で敗戦を体験した後で上京し、横浜で一八七三年にブラウン宣教師から受洗。七七年東京一致神学校が開設されると、植村正久らとともに学ぶ。終了後、八〇年に麹町教会の牧師となる。明治学院創立に関わり、八七年に教授、九一年に二代目総理となる。一九一一年から基督教教育同盟会の理事長、一九一四年から行なわれた全国協同伝道の総委員長に選ばれ、大正期のキリスト教会の飛躍に貢献した。
一九一一年の井深は、明治学院の総理として活躍していた。
写真：倍加運動委員編『日本基督教会史略』（協力伝道局事務所、一九一二年）所収

アメリカ長老派宣教師会が設立した学校［明治学院］の校長である井深博士は、私が出会った日本人でいちばん「高価な」人だった。ほかの人たちはみな例外なくたっぷり時間を作ってくれ、感謝していたのだが、井深博士は、まだ選挙までには何日もあるというのに、私相手に一五分しか時間をくれなかった。そのために、彼の改宗についてちょっと聞くだけで終わってしまった。以下、彼の話したことを再録しておく。

「私は侍の出身です。どの宗教で育てられたかと言われても、答えるのが難しいです。ご

存知のように、日本ではおかしなことに、三つの主だった宗教が平和に共存しています。私の両親の家には一か所に仏壇があり、先祖の名前の書いてある札があって、そこでお祈りをするように躾けられていましたが、別の場所には神道の神棚があり、そこで祈ることにも慣れていました。さらに私は儒教の古典を読むことで教育を受け、それがほかの何よりも深い印象を私に与えました。

そして一八六八年になりました。全国の侍の家系が、その当時、天皇側と将軍側に分かれていました。うちの家系は将軍側で、彼が敗れた時にわが家も敗れたわけで、家も家庭も財産もすべて失いました。当時私は一六歳で、これからは自分の道は自分でなんとかしなければと納得しました。そこでほかの多くの若者同様、私も横浜へ行って西洋の知識を学びました。横浜には英語を教えていた政府の学校［修文館］がありました。お金を払えなかったので学校の下僕［学僕］になり、授業に参加することを許されました。

そしてその頃にキリスト教とも接触するようになったのです。私は長いこと、西洋の文明が日本のものよりはるかに優れているのはなぜだろうと思っていました。そんなある日、中村［正直、一八三二～九一］の本を読んだのです。それは、政府に向けられた一種の公的書簡でした。基本的な思想は次のようになります。君たちは西洋の文明を導入した。それはいい。

けれども、西洋文明の根は西洋の宗教にある。君たちは根なしに花を得ることはできない。根が欲しくないなら、花は枯れてしまう。[*25]

この思考に、私が自分で半分意識的に思っていたことと共通する何かがあったのです。それでもなお、キリスト教が真理である、ということには非常に疑問を抱いていました。まったく別のキリスト教観で育てられていたからです。それは低俗で単純であり、尊く清いものすべてと政府への従順や孝行心に対する敵である、と教わっていました。そういったことを明確にしてみたかったのです。

当時私の教師は宣教師のブラウン博士でした。ある日、彼といっしょに読んでいた本にキリストの像が載っていて、ごく自然に彼に質問する機会ができたのです。キリスト教について何か話してくれるよう、頼みました。説明をしてくれ、最後にこう言われました。「もっと知りたいのなら、日曜の朝にヘボン博士［James Curtis Hepburn, 1815-1911］の診療所に来なさい。」

私は出かけていき、福音を聞き、新約聖書を贈られました。それが私にキリスト教に対するまったく別の見方をさせるようになったのです。特に、山上の垂訓が私に深い印象を与えました。山上の説教の中の「汝の敵を愛せよ」という教えです。それは私たちの宗教のどんなものよりも高いところにある、と私の良心はささやきました。けれどもその時はまだ、決定的な一歩は踏み出しませんでした。

そうこうするうちに私は学校の会計係の助手になり、いい仕事に就いたのです。ところが学校は別のもっと大きい学校と合併することになり、環境が変わったら今までのような職は持てないことがはっきりしていました。どうしたらいいか。生活の糧を得なければなりませんし、戻るべき場所がありません。

ちょうどその頃に、日本で最初に翻訳された西洋書のひとつであるスマイルズの『自助論』〔邦訳名『西国立志篇』、一八七〇年刊〕を読みました。その中でスマイルズは、印刷所の見習いだったフランクリンについて語っています。たまたま学校の隣に印刷所があったので、フランクリンに倣うことにして、学業はあきらめ、印刷所で勤めることにしました。

この決心をブラウン博士に話したところ、彼は不服でした。彼は合併する学校で教師をすることになっていましたが、自分が学校にいる限り私の面倒を見てくれるという、なんとも心の広い提供をしてくれたのです。彼の愛に満ちた手助けは私に底知れなく深い印象を与え、キリスト者になる決心を促して、〔一八七三年一月に〕私は洗礼を受けました。

けれども彼は自分の手で私に洗礼を授けようとせず、最近設立された日本教会の長老のところへ行くようにと言いました。そのとおりにしました。当時のことですから仕方ないのですが、「キリストのために死ねるか」と聞かれました。私は、主が望むならできると思いましたから、それで一件落着、私は受洗しました。それ以後、後悔したことはありません。

＊25　江戸時代に侍の家に育ち儒教的な教育を受けた者がキリスト教に惹かれ、キリスト教者にかなり容易に変身できた裏には、儒教の教えが非常に厳しい倫理的力を持っており、品行方正、質素と倹約を促し、自制力、自己管理、社会的責任と博愛を説いていて、キリスト教の精神と共通点があったからであろう。理性的な思考に裏付けられていた点も西欧の信仰を理解するのに役立ったであろうと思われる。高いモラルに支えられていたキリスト教は理想を追求し、信者に新たな力と希望を与えることができた。そこを高く評価して日本の元儒学経験者は数多くキリスト教に接近したわけであるが、中には、一神教の有無を言わせぬ「信仰」の強要に違和感を感じた者が少なくなかった。何度も強調してきたように、「信仰」と「信心」とは別物である。小崎弘道の項（一七七～八一頁）も参照。

原胤昭《はらたねあき》氏

原胤昭（一八五三～一九四二）明治期のクリスチャン社会事業家で錦絵商。江戸生まれで、江戸南町奉行所与力の子。明治維新後、英学（英語圏に関する学問）を学び、東京第一長老教会で一八七四年にキリスト教に入信。同年、銀座でキリスト教書店十字屋を創業した。八三年、福島事件（福島県令三島通庸による自由党員弾圧）に関連して監獄に収監される。事件の被告の肖像画を版行したのが、自由党員を応援するものと見なされて発禁となり、井深自身も新聞紙条例違反等で罰せられた。出獄後、九八年に出獄人保護所「原寄宿舎」を創立し、刑余者の再生保護の事業に尽力した。

一九一一年、原胤昭は原寄宿舎で事業に没頭していた。

写真：『江戸町与力の世界――原胤昭が語る幕末――』（平成一九年度特別展、千代田区立四番町歴史民俗資料館、二〇〇七年）所収

原氏は現代日本の愛の使徒である。大規模に、イエスの名において行動している。何年かの間に二〇〇〇人以上の出獄者を自宅に住まわせてきており［出獄人保護所、原寄宿舎］、キリスト者の家庭の恵みをもって彼らを社会に、そして神のもとに復帰させている。それが驚くべき成功をおさめていて、八〇パーセント以上が誠実で有能な人間に戻り、多くの者がキリスト信仰に改宗している。

この人の仕事のことを聞いて、私は会いたくなったのだが、それは不可能だった。東京を

離れて出張中だったのである。けれどもウィンテル宣教師と私は、彼の妻に大歓迎された。原氏の場合、救済の仕事は自宅でされていたので、彼女はいろいろな意味で夫の右腕だった。はにかみ屋で控えめな小さな人で、われわれが聞き出そうとしていたことがらを、充分に信頼のおけそうな低い声で語ってくれた。

「私の住んでいるこの家は、隅から隅まですべて、ここで保護された出獄者たちによって建てられました。材木を買うお金は、大隈伯爵が工面してくれました。ご自分のところのすばらしい菊を見てもらうということでお客を招き、そこでお金を作ってくれたのです。ご覧の通り大きな家ですが、大家族でして、子どもが九人、今は一五～六人ほど出獄者がいます。それに、近所に借りている家々にも出獄者が二～三〇人ほどいますし、全員が私のところのテーブルで食事をするんです。みんな子どものようですし、お友達でもあり、あらゆる点で家族の一員になっています。それ以外に［彼らにとって］役立つことなどないんです。法律だ規則だってことはあの人たちには全然効き目がなく、ぐっと胸に来るのは愛だけです。

どうして夫がこの事業をするようになったかとお尋ねですが、私なりにお話ししましょう。夫はこの東京で生まれました。侍で儒者でした。早い頃から真理を求めていましたが、横浜に「新しい宗教」を説教している宣教師がいると聞いて、どうしてもそれを聴きにいかなければならないと思いました。横浜では、バラさんから強い影響を受け、夫は一八七二年に受洗［一八七四年に東京第一長老教会でカロザース宣教師により受洗］しました。最初の受洗者一一人のうちのひとりだったはずです。その後東京で女学校［原女学校、一八七六年開設］と書店を開きました。東京の目抜き通りにあった書店は、今でも同じ名前でありますが、「十字屋」［一八七四年、銀座三丁目に創業］といって、夜は集会所に使っていました。夫はそこで毎晩毎晩、何年にもわたって説教をしていました。

ある晩、刑務所を出たばかりの大悪党が店の前を通り、立ち止まって話を聞いて胸を打たれ、後に改宗しました。二、三年前に亡くなるまで、その人はほんとうのキリスト者として暮らしていました。その体験を通じて夫は犯罪者たちの世界に目を向けるようになったのです。けれども、きちんとした事業をするには、まだ時期尚早でした。当分の間、夫は聖書を初めて翻訳する仕事を手伝い、最初の賛美歌集の出版に手を貸しました。当時、杜撰な挿絵がキリスト者たちの間に広まっていたのを夫はしごく残念に思い、対抗して挿絵のきれいなものを出版しようと決めたのです。そのために書店はほかの人たちに譲り、別のところへ引っ越して、絵の刊行と販売を始めました。

それに夢中になっている時に、政治犯の件に巻き込まれてしまいました。一八八八年［一八八九年］の憲法制定に至る［自由民権運動の］動揺期です。当時の優秀な人物たち同様に、夫も言論と出版を制限する厳しい法律に触れることになり、一八八三年に［石川島］監獄に入れられました。そこでの体験が、後に夫の終生事業になる仕事の基礎になったのです。

当時、この国の監獄の状況は凄まじいものでした。最悪の犯罪者で監獄にいちばん長く収容されていた者が監獄の主になっていたのです。ほかの連中から食べ物と毛布を取り上げ、お腹をすかせて震えるままにさせていました。そして、だれからも罰せられずにほかの者たちを自分のために働かせていたのです。けれども本当のところは、最悪の囚人でさえ、もっといい暮らしがしたかったのです。いろいろ悪さをしていても、その裏には憧れがあったわけです。夫はそれに気がつき、ほかの囚人たちに、自分が出獄したら、できるだけの手助けをするからと約束しました。そして一八八四年に出獄すると、すぐに最初の出獄者たちを自分の家に住まわせ、以来、規模がどんどん大きくなっていきました。

その翌年に、あるキリスト者（たしかギリシャのカトリック［ギリシャ正教］でした）が兵庫の監獄の所長になり、夫に来るように要請したため、私たちは出かけていきました。兵庫で家を持ち、事業を三年しました。」

ここで口をはさませていただくが、われわれは当時改宗した五人の出獄者に囲まれた原氏の写真を見た。そのひとりは、もともと親のない少年で、反抗心と仕事のつらさから自らの手で片目をつぶしていた。あとになって、改宗してからだが、大きなキリスト教の児童養護施設がオアヤマ〔岡山孤児院、一八九八年に石川十次（一八六五～一九一四）が設立〕にできると聞くとそこへ出かけていき、ほかの孤児たちを救うために何年もの間、信頼のおける働き手となっていた。彼のおかげで神の道に導かれた孤児たちが何人もいた。*26

原夫人はさらに続けた。「けれども兵庫で囚人たちに混じってする仕事にはひとつ問題がありました。囚人たちの滞在期間が短すぎたのです。もっと長い服役を判決されていた人たちは、みな北海道〔釧路〕へ送られていました。それで、そこの方が事業の条件がよいだろうと思い、引っ越して一八九七年まで仕事をしました。そして東京へ戻ってくると、天皇陛下の御母堂〔英照皇太后〕が亡くなったために大規模な恩赦が下されて二〇〇〇人ほどが釈放されました。北海道からだけでも船二隻分の囚人が東京まで運ばれてきました。そのほとんどがわが家へやってきたのです。一晩だけで一八〇名も来たことがありました。そんなに大勢をわが家一軒だけで収容するのは不可能です。けれども幸運なことに、夫の旧友、今の本多長老〔本多庸一、二〇〇～七頁〕が、家のすぐ隣の教会で牧師をしていました。本多さんは、夫が教会を囚人たちに提供することを許してくれたのです。ひとつだけもっともな条件があり、それは毎週日曜の朝にはミサのために教会をきれいにしておくことでした。そうして困難を乗り越えたのです。そして事業はもっと新しい形を取り、規模も大きくなりました。

それから何年かして、私たちが住んでいた区域に路面電車が走ることになり、それを機会にわが家は近所の家とともに取り壊されてしまいました。それでここへ越してきたのです。事業はよく知られるようになり、受け入れられる人数以上の申請書が届いています。当然のことですが、自分から入居を志願する人たちを取るようにしています。出獄者たちの滞在期間はまちまちです。数か月で自立できるようになる人がいるかと思うと、長く滞在する人もいます。昼間は外へ仕事に出ます。女性たちは縫い物をし、男たちは路面電車とか下水道とか電話線の工事で土方をしています。

今、東京だけでも、ここにいた元出獄者のうち五〇〇人以上が独立して仕事につき、家を持って家庭を築いています。年に二回、全員がこのうちに集まります。天皇誕生日〔一一月三日〕とお盆です。朝から晩まで一日中ここで過ごし、まじめに話をしたり、冗談を言ってふざけたり、歌ったりして楽しみます。こうしてみんなと連絡を保っているのです。

政府は私たちの事業を好意的に見て、補助金などで援助してくれようとしています。けれどもそうした助成が統制を伴い、事業の自由が制限されるような条件を付けてくることを恐れているため、今までのところ、補助金はすべて断っています。そして、できるだけ倹約しています。出獄者たちは給料の一部を食費として払っています。そして残りは貯金していきます。水道会社は無料で水を提供してくれ、ガス会社も無料のガスを通してくれています。出獄者たちの親戚や何人かの支持者たち（大隈伯爵や夫の元の主君松方男爵［松方正義、一八三五〜一九二四］）も援助してくれていて、必要額は入っています。[*27]
最後にひとつだけ付け加えておきますと、夫が以前に要求して闘っていた監獄の改良は、今ではほぼすべてが実現されています。」

その場を立ち去る前にわれわれは、原氏の狭い仕事部屋にちょっと入れてもらった。そこで、原氏が自らの仕事に込めているほんとうの愛とは何かを目に見えて示す証拠をいくつか目の当たりにしたのだった。彼の仕事部屋は、きちんとアルファベット順に整理された一〇〇〇通以上もの手紙が紙差しに入っていたばかりではなく、――多くの紙差しには何十通もはさまれていた――一方の壁に、小さな字の書かれた札がずらっと並んで掛けてあったのである。それは原氏の「出獄者たち」の中で過去一四年間に亡くなり、家族に見捨てられたために原家代々の墓に埋葬された人びとの名前であった。東洋の考え方から見て、元は相当な地位にあった侍が自分の先祖の墓を囚人に開くことがどんな意味を持つかが少しでもわかるならば、キリストの愛がこの人物の心で何を成し遂げたかを測る小さな物差しが得られるはずである。

＊26　一概には言えないが、これはキリスト教の強烈な使命感とも、至極普遍的な「恩返し」の心とも取れるのではないか。

＊27　明治の偉人はやはり元儒学者で「侍」であるから、中にはこうした義侠心に富んだ人物がいて、キリスト者でなくともキリスト教の愛の心を理解し、援助を惜しまなかったのだと思われる。

山室軍平《やまむろぐんぺい》氏

山室軍平（一八七二〜一九四〇）明治〜昭和期のキリスト教伝道者。岡山県で生まれる。一四歳で上京、築地で活版工として働く。一八八八年に受洗、翌年同志社大学神学部に入学するが、赤貧の中、健康を害して退学、伝道師となる。しばらく岡山孤児院に身を寄せていたが、九五年に日本救世軍（プロテスタントの教派団体）に入隊し、平民のための伝道者、ならびに社会事業家として一生を捧げる。日本最初の士官（牧師）となったのを皮切りに、東洋初の救世軍将官、日本国軍司令官を務めた。九九年に『平民の福音』を発行し、平易な言葉の著書が親しまれた。歳末慈善鍋を始め、廃娼運動を展開、婦人救済のほか、病院建設などで活躍した。一九一一年の山室は、そうした一連の事業の渦中にあった。
写真：救世軍本営提供

満州の戦場で日本人が見せた英雄的勇気を思い出すにつけ、その英雄的行動が神の国に仕えるためになされるのなら、もうなにひとつできないことなどないだろうと思わざるを得ない。

私は日本にいる間にその一端を垣間見ることができたが、現在日本救世軍のリーダーを務めている山室軍平との出会いもそのひとつだった。

山室はまだ比較的若い。人間的な社会改革のための精力的な闘士で、かつ熱き福音者であり、日本でいちばん普及しているキリスト教の本『平民の福音』の著者でもある。私は東京の救世軍本部の狭い彼の部屋で昼食時に面会した。日本の救世軍の仕事一般について触れたあと、彼は自分自身について次のように語ってくれた。

「私は田舎［岡山］で生まれ、子どもの時から儒教を教わっていました。そのころはベンジャミン・フランクリンのことはまだ何も知りませんでしたが、彼と同じく個人の清廉を求めての闘いをしていたのです。私は帳面に自分の善行と過ちを書いて決算をしていましたが、どうしても帳尻があわない。黒星ばかりで、善行の欄は空白でした。私は帳簿を付けるのをやめて、自分を改善してより良い環境を得るために一四歳の時に東京に出てきました。

活字鋳造もしていた大きな印刷所［築地活版製造所］で職を見つけました。そこには二〇〇人ほど働いていましたが、私には非常に悪い影響を与えました。私は堕落の一途をたどるようになったからです。タバコを吸い始め、酒も飲み、もっとひどいこともしました。けれどもある日、たまたま橋を渡っている時に、若い説教師が通りに立って説教をしていました。するとまず私の好奇心が、続いて良心が目覚めたのです。そしてとうとうイエス・キリストに改宗することになりました。

それからは仕事場を新たな視線で見回すようになりました。キリスト者の仲間を探してみたのです。どんなに探しても、ひとりしか見つかりませんでした。知り合って話してみると、彼は不純な動機からキリスト者になっていて、宣教師たちから時折施しを受けられるだろうと思っていたのでした。

そこで私は仲間の労働者たちに、神の言葉を聞きにいくべきだと話しました。でもみな、夜になるともう疲れきっているから、と言いました。それに、教会でされていた説教は、彼らには高級すぎて分からなかったのです。私自身、それももっともだと思うところがありました。その時以来、神が私を社会の弱き者たちの説教師、貧民のための説教師にしてくださいますように、というのが私の祈りになりました。

ある友人の助力で、私は一年間学校に通うことになりました。そこで新島のことなどを読み、どうしても同志社の学生になって、新島の個人的な影響下に入りたいという強い望みを抱くようになりました。けれども私にはそのための資金がありませんでした。

ちょうどそのころ、偶然にジョージ・ミュラー［George Müller, 1805-98 イギリスの孤児院経営者］の本を手にしました。彼の信仰と祈り、［それに対する］神の答えについて読むのは実にすばらしいことでした。彼の思想は私に決定的な力を及ぼしました。神が彼の祈りを聞けるなら、私の祈りも聞いてくださるのではないか。私が学び教養を身につけたいと思うのは、野心でも利己主義でもないことは、神はご存知のはず。さらに、ほかの学生たちには父親が必要な援助を与えているのだから、天に召します私の父も私に助力を与えてくださるべきなのではないかとも考えました。

この信仰は挫けることがありませんでした。神はお助けくださいました。一歩、一歩と。まず京都へ行くだけの旅費を得て、同志社の入学試験を受けました。首尾よく合格し、[一八八九年に]入学しました。ところが、京都に二日ほど滞在していた間に、持ち金すべてを使い果たしてしまったのです。入学金も食費も月謝も払えません。私はさかんに祈って断食しました。学校に入る権利を得ていながら、貧困のためにその権利を使えないのはなんとも不思議でした。ここで神が見放すはずがない、と思いました。その通りでした。

同志社の最高学年生、私より五〜六歳年上の学生が私のおかれた立場について聞いてくれました。どうしてそんなことを思いついたのか尋ねると、こう答えてくれました。彼は毎晩に、大いなる愛についてのコリント書第一の第一三章「愛の讃歌」を一通り読んでいました。そうすることで自分もキリストの愛に満たされることを望んでいたからです。そうして読んでいるうちに、最近神が不思議にも彼の目を開かせ、私を指差して彼の耳に、「ほら、そこにお前のチャンスがある、私の名において愛の実践をしてみなさい」とささやいたかのようだったと言うのです。

私は正直に状況を話し、その結果彼は、まず入学金に相当する現金をくれました。それから料理人のところへ私を連れていき、皿洗いと給仕の仕事をするかわりに食費を無料にしてくれるよう手配してくれたのです。さらに、私の一年分の授業料を月に約三クローネほど保証すると約束してくれました。

しばらくそうしていましたが、何か月かが過ぎた頃、私の同級生たちが、私に給仕をさせるのは気の毒だ、と言ってお金を集めてくれ、私の食費を払ってくれました。それで私はアルバイトをしなくてすむようになったのです。食費は同級生たちから、授業料は最高学年の学生から得て、毎日心配なく学業に励めるいい日が続きました。その学生がどこからお金を工面していたかについては、私はまったく考えてもみませんでした。その件では、私はまったく人びととは関連がなく、神のみとつながっていました。神には心から強く感謝しましたが、ほかのことはすべて私には関係のないことでした。

それから一年ほどして、最高学年の学生が大病にかかってしまいました。学校を終えたばかりのところで肺炎になり、入院しなければなりませんでした。私は何度も病院へ訪ねていきました。最後に行った時に彼はよくなっていて、ベッドに座っていました。そして私に、

「芝生までいっしょに行こう」と言いました。私たちは病院の緑の芝生に横になり、彼が私の授業料をどのようにして手に入れてくれていたかを打ち明けてくれたのです。

「君も知っての通り、いや知らないかもしれないが、[*28] ぼくは無一文なんだ。だからここ京都の宣教師のところへ行って、月に三クローネほど稼げるような仕事をくれないかと頼んでみた。その宣教師は牛を一頭飼っていたので、ぼくが毎日朝晩、一・五マイル〔二・四キロメートル〕ほどのところに住んでいた別の宣教師のところへ牛乳を届けてはどうかと提案してくれた。ぼくはそれを引き受けて、しばらくうまくいっていた。ところがそのうちに、君と同じようなどうしようもない境遇にあった別の学生に目を留めたんだ。その学生もぼくはぜひなんとかしてやりたいと思って、授業料を払う約束をした。でもぼくにはもっと稼ぐだけの時間がなかったので、ぼくが毎月の生活費として受け取っていた五クローネのうちから彼の授業料を払うことにした。ということはぼくの食費は残りの二クローネになった。それで足りるよう願っていたんだが、無理だった。その結果、ぼくはひもじい思いをするようになった。

毎朝毎晩牛乳を運んでいく時に、京都の広い城の公園〔京都御苑〕を横切っていく。ある日、その公園で警官が死んだ猫を捨てようとして運んでくるのを目にした。ぼくはその猫が欲しいと懇願したんだ。ぼくは飢え死にしそうだった。ぼくははっきりそう言ったわけではなかったが、警官はぼくが猫をどうしようとしているかが分かったらしく、断った。死んで半分腐っている猫を人の食い物なんかにさせるわけにはいかないと。「じゃ、そこいらに捨ててくれよ。それならあんたがぼくにくれるんじゃなくて、ぼくが勝手に拾うわけだから」とぼくは言った。警官はその通りにして、ぼくは猫を拾って家まで持ち帰って食った。

別の機会には、同じ公園を同じように腹を空かせて歩いていた時に、通りすがりに大きな木から何羽もの鳥が飛び立った。するとその木から、小さな木の実がどっさり落ちてきたんだ。ぼくはそれを食って飢えをしのいだ。そして、その昔、神がどうやって鳥たちに予言者への食べ物を運ばせたのかに思い至った。同じことを神はこんなちっぽけな存在にもしてくれたんだと。

そうこうするうちに飢えの生活はぼくの体力を弱まらせ、このとおり、病気になってしまった。でもぼくはじきによくなる。そして神への感謝を込めて同志社を去るんだ。いろいろあったが、君への約束を果たし、約束通りに君の授業料を払うことができたんだからね」

私の友人はそう言ったのです。その言葉が私に深い深い印象を与えました。私は彼がだれか裕福な人からお金を受け取っていたのだとばかり思っていました。それが突然、私を助けるために彼がどんな犠牲を払っていたかが分かりました。その間ずっと、私はなんの不自由も心配もなく過ごしていたのです。そうして愛の世界を見たことが、キリストの愛を理解する助けとなり、私が昔の祈りを新たにするきっかけとなりました。「私をキリストへの信仰でもって人びとに仕える貧民の牧師にしてください！」それと同じころに私はブース将軍［William Booth, 1829–1912 救世軍の創立者］の本『最暗黒の英国とその出路』を読みました。それが私を同じ方向へ向かわせ、私の決心をさらに強めさせたのは言うまでもありません。

同志社に滞在したあと、しばらく組合派教会の牧師をしていましたが、満足できませんでした。牧師としての仕事ではなく、もっと親しい間柄でいられる労働者との接触を望んでいたのです。私は職を辞し、九州で農民になりました。農民になることで、ほかの農民たちとつきあって助けてあげられる機会がずっと増えるはずでした。けれどもそうはなりませんでした。農民たちは散在して住み、仕事のせいで時間がちっとも取れません。接触できたグループは小さすぎました。私はあきらめて東京へ戻りました。大工の仕事を見つけ、ほかの大工たちがタバコを吸ったりぼんやりしたりしていた余暇の時間に、彼ら相手に説教をしました。それもまた長続きしませんでした。というのも、東京へ来てから四〇日経って、救世軍が日本へ来たからです。ブース将軍の本を読んで以来、私はずっと救世軍で仕事をしたいと思っていました。その機会が訪れたのです。でもまず救世軍のことをもっとよく知り、その仕事を通じて食べていけるかどうか見てみることにしました。

当時救世軍が利用していた説教室には、参加者のスリッパの番をする男が雇われていました。私はその仕事を頼んで譲ってもらい、スリッパの番をしながら同時に救世軍の仕事を間近に観察していました。

ある日、私の昔の知り合いが説教室を通り過ぎました。スリッパ将軍になっていた私を認めて彼は、「あれ、ほんとに山室なんだろうか」と思いました。次の日彼はもう一度たしかめに来ました。やっぱり山室でした。友人はキリスト者でしたが、そのころキリスト教から離れそうになっていました。ところがふたたび心をつかまれて熱い思いをさせられ、やがて私たちはふたりで救世軍に参加したのです。以来、一二〜三年もの間、仕事をしています。」

ふだんはそんなに自分のことを話さないのだが、と指摘して山室は話を遮った。その通りで、私の求めに応じてたっぷり話してくれたのだった。付け加えておくと、彼の話していたのは実は［単に］自分のことではなく、青春時代の体験を、あたかも神が彼の救済を求める固い信仰のうちに聖化されたがごとくに語ったのだった。

最後に別れの握手を交わしたわれわれは、聖なる社会は現実であり、国籍にも制服にも制限されないものであることをひしひしと感じたのだった。

*28 ここで「いや知らないかもしれないが」を付け加えさせたのはウィンテルの助言だった。

賀川豊彦《かがわとよひこ》氏

賀川豊彦（一八八八〜一九六〇）　大正〜昭和期のキリスト教社会運動家で伝道者。神戸生まれ。一九〇四年に受洗。翌年明治学院神学部に進み、卒業後の一九〇七年に新設の神戸神学校に入学。在学中の一九〇九年に神戸のスラム地域新川に住み「イエス団」を組織してキリスト教の伝道を行なった。一一年に神戸神学校を卒業。スコウゴー゠ピーターセンが出会ったのは、その頃の賀川豊彦である。

一四年からプリンストン大学で学び、一七年に帰国すると神戸のスラムに戻って伝道を続け、社会事業を展開。そして労働運動に参加し消費組合運動を起こすなどして活躍、二〇年に小説『死線を越えて』を出版、ベストセラーになった。さらに二一年には労働争議を指導、日本農民組合を誕生させ、二三年の関東大震災後に救援のため東京に移った。翌年アメリカに招かれ、その後ヨーロッパ諸国を訪問、デンマークも訪れた。「貧民街の聖者」と呼ばれる。

写真：賀川豊彦記念・松沢資料館所蔵

この好青年〔当時二三歳〕が、自分の名前が本書のほかの一連の名前といっしょに掲げられていることを知ったなら、きっと驚くにちがいない。彼は非常におとなしく、恥ずかしがり屋で、人前に出されることなど思いもよらないでいる。けれども、ここに登場してもらわなければならない。私は「指導者たち」だけではなく、その性格も描写してきているからである。賀川はキリスト教に奉仕していて、日本人民の性格の最良部分を体現するタイプで、英雄的勇気が地の塩[*29]［模範］である国の、穏やかなひとりの人間である。

ウィンテルが撮影した新川
J.M.T. Winther: *Kagawa De forkuedes Ven – Et Rids af Hans Liv Virke og Tanker*. O. Lohse, København, 1925. 所収

賀川は神戸郊外のスラム街［新川］に住んで働いている。われわれはそこを日曜の朝に訪れた。

何という世界をそこで目にしたことであろう！　あまりに悲惨すぎて、描写などできはしない。その区域には夫に捨てられた子ども連れの女たち、不浪人、乞食、博打打ち、泥棒、娼婦などが住んでいた。部屋の大きさは大体が二畳しかない!!　それを一晩三銭（約五オーレ）で貸していて、狭い畳の上に五～六人が住んでいるのだ。病気で寝ている者、眠りこけている者、酔っぱらっている者たちがボロをかぶって横になっているのを見た。

区域の住民で仕事のある連中は、主にマッチ箱を作っていた。材料（糊は除く）をわたされ、それを組み立てるのだ。一日に一〇〇〇から一五〇〇個作り、一〇〇〇個につき八銭（約一四オーレ）を稼ぐが、それから糊代（一〇〇〇個につき二～三オーレ）が差し引かれる！　ある者は絹の屑を揃え、一〇〇人ほどがゴミ箱の屑を集めて選り分けていた。これがいちばん金になった。われわれは選り分ける場所を見た。およそ一三〇種類に分けていて、ゴミを集め選り分ける者たちは一日に七〇銭ほど稼いでいた。一・五クローネにもなる。ゴミ屋たちは、区域の貴族だった。

けれども、ほかの者たちは仕事ではない「仕事」をいろいろとしていた。泥棒、博打、売春だ。年増の女たちは赤ん坊を人から「借りて」、背中におぶって物乞いをしていた。子どもがひどい状態であればあるほど「商売」になった。そのために子どもたちはひもじい思いをさせられ、人に同情させて恵ませようというわけだ。こうして両親も年増女も、赤ん坊を使って生計を立てていたが、赤ん坊の方は惨めに死んでいった。このような赤ん坊を使った年増乞食をわれわれは何人も目撃した。もう筆舌に尽くせないほど胸をえぐられる思いをした。

区域に入っていくや否や、われわれはたちまちのうちに人の群れに囲まれた。薄汚く、鼻を垂らし、目にも耳にも膿を出し傷だらけの子どもたちや、子どもに乳を含ませていたり背中におんぶしたりしている女たち、ボロを着て、耳［の穴］を持ち金の小銭の財布がわりにしていた初老の男たちだ。若い男たちはほとんどいなかった。区域はまったくひどい所で、ほかの場所でなんとかやっていける若い男たちはみな出ていっていた。

山のようなゴミ、開けっ放しの便所、腐った下水が、いたたまれなくなるような悪臭を放っていた。区域は毎冬ペストに襲われていた。この前にペストを出した家をわれわれは見た。

大都市の困窮ぶりを私はいろいろと見てきた。イングラム長老［Bishop Ingram］が指揮を取っていたころのロンドンのイーストエンド、ニューヨークのユダヤ人と中国人区域、南インドのパーリアの町、救世軍の将校に付き添われて訪れた東京の貧民街、警官の護衛付きで見たソルトレイクの麻薬の巣窟等々。けれども、その惨めさにおいて、神戸のスラム街よりひどい所を私は見たことがない。

われわれはまず、区域の中央に最近開かれた日曜学校

賀川豊彦と新川の子供たち

J.M.T. Winther: *Kagawa De forkuedes Ven – Et Rids af Hans Liv Virke og Tanker*. O. Lohse, København, 1925. 所収

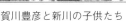

へ行った。七〇人ほどの子どもたちが賀川のまわりに集まっていた。彼は裕福な家庭に育ったが、やがて父〔幼少期に死別〕と兄が家の財産を浪費した。彼は妾の子で、小さいときからひとりぼっちで人から理解してもらえなかった。学校時代に、英語を学ぶために英語の聖書を読んだが、やがて福音が彼に強い影響を及ぼすにいたった。ルーテルは言語を福音の鞘、と呼んでいたが、それは宣教の場面でたびたび実証されてきたことだ。鞘を確かめる者は、容易に刀に傷つけられる。賀川は「傷ついた」のだが、まだ確信を持てないでいた。けれども、一六歳の時に十字架に掛けられたキリストについての説教を聞き、心の深みまで強く摑まれて〔徳島教会にて受洗〕、以来全身全霊神に仕えるようになった。

彼は今二三歳で、神戸神学校をもうすぐ終える。非常に優秀で、いずれの試験でも立派な成績を上げ、哲学を学びたいと強く思っている（私は彼の「必要」に迫られる思いと、哲学を学びたい気持がよくわかるのだ！）。けれども、彼は「必要」を選んだ。非常に低い声で彼は言った。「こんなにも貧窮がひどく「必要」に迫られている間は、哲学を学んだりすることは許されないでしょう。」

彼は身体が弱い。一年半ほど前、彼は肺病で死にかけていた。それにもかかわらず彼は今、神学校の校長の許可を得て、町の上の山腹にある学校から下りてきて、社会の底辺に沈んでいる人びとに交じって、文字通りイエスの精神に則って暮らしている。

彼の月給は一一円（約二〇クローネ）で、そこから自分のために三円、残りを仕事に使っている。区域のほかの者たち同様、彼も「二畳の部屋」に住んでいる。ということは、害虫に囲まれて住んでいるわけだ。家の骨組みにも畳にもそうした害虫がいっぱいいて、何としても追い払うことができない。悪臭と騒音が路地をおおっているが、彼は、社会の底辺に住処を得たことをよろこび、幸せに思っている。「ここが一番下です。もうだれもこれ以上落ちることはできません」と彼は何度も言った。

私は路地を見まわしてみた。隅の所に学生賀川はランプを取り付け、そのガラスに、「天に召します主を信じよ、救世主イエス・キリストを信じよ！」と書いていた。それがかわいそうな者たちへのキリスト教の贈り物だった。いくつもの家の戸にはみすぼらしいお守りが掛けてあった。たいていが貝殻で、伝染病と悪霊から家を守っているらしかった。異教徒が祈るのはそのような庇護である。そこに天と地ほどの差があるのが見えないとは！　多くの人には見えないのだ。けれども彼らは学生賀川を尊敬している。最初のうち彼はよく痛めつけられていた。一度は短剣で襲われたこともある。でもそれはもう済んだことだ。みんなが、彼が自分たちの友人であることを知っている。だれもが恭しく彼に挨拶をし、「先生！」と呼んでいるのを見た。

彼は路地から路地へとわれわれを案内してくれた。悲痛な足取りだった。子どもたちと打ちひしがれた可哀想な者たちがわれわれのまわりに押し寄せた。ぬるぬるした気持ちの悪い蛸を行商の者が売りつけてきた。浮浪者のための宿舎に寄り、何百もの部屋をのぞいてみたが、どれも地獄への入り口のようだった。

目にして快かった唯一のものは、ここかしこで賀川が指さして、「あの人はキリスト教徒です」と言ったことだった。五〇〇〇人ほどの区域の住人のうち、一年半の活動のあと、四〇人ほどが改宗していた。

神よ、恵みの言葉が彼の口から流れ続けるよう、賀川に末永い活動の期間をこの地上で与え給え！

＊29
「地の塩」は新約聖書の山上の垂訓にあるイエス・キリストの教えで、神を信じる者は、塩が腐敗を浄化するように、地である社会にあって純化の模範になるべしとの意味で、模範のたとえ。

矢《や》嶋《じま》梶《かじ》子《こ》女史

矢嶋梶子（一八三三〜一九二五）明治・大正期の女子教育者で女性運動家。熊本藩郷士矢嶋直明の娘で、熊本女学校長の竹崎順子（一八二五〜一九〇五）と、徳富蘇峰と盧花の母の久子（一八二九〜一九一九）の妹。二五歳で結婚、三五歳の時に離婚して上京、教員伝習所で学ぶ。一八七四年、築地居留地の新栄女学校の教諭になり、新栄教会で洗礼を受ける。八一年、櫻井女学校の校長となる。九〇年、両校が合併して女子学院となり、院長に就任した。女子英語教育に尽力するかたわら、婦人矯風運動（禁酒運動）に参加し、八六年に東京キリスト教婦人矯風会を組織して会長に就任、九三年、この全国組織である日本キリスト教婦人矯風会の会頭となり、禁酒運動に止まらず、公娼制度廃止運動なども推進した。

一九一一年の矢嶋楫子は七八歳、一時は激務のために白内障を患ったことがあったが、まだ女子学院院長の職にあった。

写真：久布白落実編『矢嶋楫子伝』（不二屋書房、一九三五年）所収

周知のように、東洋を旅行していて女性に出会うことはあまりない。現地人の自宅を訪れても、女性が女主人役を務めることは稀である。もちろん例外もあって、キリスト者の家では状況はかなり異なっている。

家庭では少ししか女性を見かけることがないが、公的社会の場面となると、当然のことな

がらもっと稀である。東洋で独立して働いている数少ない女性のうち、私が会う機会を得たのはたったひとり、矢嶋女史だった。目下のところ、もっとも重要な日本女性のひとりでもある。

彼女は長老派教会系の女学校、女子学院の校長で、婦人禁酒運動会の会長でもあり、女性の地位向上運動の、疲れを知らない活動家である。七八歳だが、ほとんど皺もなく白髪もない。

学校の脇の自宅で彼女に会ったが、その建物はきれいな小さな庭にあり、ベランダとバルコニーのある黄色と白に塗られたスウェーデンの木造の家を思わせた。けれども、もてなしはあまり北欧風ではなく、団扇と校長の写真のついた名刺だけだった！

年老いた矢嶋女史は、稀に見る好印象を与えた。悪い意味での「解放された女性」とか「女性教師」とかいった点がまるでなく、穏やかで控え目、如才なく信仰も厚く、冗談とユーモアの片鱗も見せて和やかだった。今でもおぼえているが、七四歳になって初めてした外国旅行でルーズベルト大統領に謁見したときの模様を、実に好ましい温かみをもって話してくれた。

導入部の紹介が一応終わったあと、彼女は次のように語った。

「状況は以前よりずっとよくなっています。日本の女性は、本人が頑として望めば、二〇歳を過ぎても未婚でいられるようになりました。前には考えられなかったことです。虐待されたら離婚することもできるようになりました。以前は夫がつまらないことで妻を追い出していて（夫たちはその権利をまさしく乱用していました！）、妻たちは夫に否応なく縛られていました。それも今はある程度変化しています。でもまだまだです！　いちばんひどいのは、女性たちが虐げられた状態に慣れきってしまっていて、それ以外のことを思っても見ないことです。一般的な人権を持った自由な個人であるという意識が、まったく鈍っているのです。私たちはその意識を目覚めさせるために活動していますが、同時に、女性の女性らしさを引き出す努力もしています。女性の喫煙と飲酒をやめさせるよう運動し、恥知らずな女性の身売りが止められるように全力を尽くしています。日本に議会ができて以来、二三年もの間毎年毎年、立法機関が国民一人一人に人権を認めるよう提案してきましたが、まだ実現していません。けれども私たちは「心を長くして」いますから、いずれ実現するでしょう。

そう語った彼女には穏やかで好ましい熱気が漂っていた。この日本女性の人間らしい地位を求めての闘いが、彼女自身が掲げたモダンな思いつきや宣伝ではなく（同じことを婦人解放運動の女性たち全員にも言えるだろうか）、彼女の心の深みにある信仰と人生経験に緊密に結ばれているのがひしひしと感じられた。

そしてその人生経験というのが、否定しがたく波乱万丈なものだった。〔以下には意図的な黙秘と極端な脚色がある。〕*30

矢嶋女史は上流貴族〔侍〕の家に生まれた。父は将軍直属の官吏で、官職の都合で各地を転々としていた。そのために彼女は、まだ年若くして結婚するまでの間、子ども時代に七か所も家を移っていた。両親はともにまじめで酒を飲まなかった。年老いてもいまだに健康を損なっていないのはそのせいだと彼女は思っている。けれども彼女の結婚相手〔林七郎〕は手のほどこしようのない飲んだくれだった。彼女は言いようのない苦しみを味わった。病に倒れ、神経を患い半盲になった。そしてとうとう、こんな状態が続いたら短い人生になってしまう、と思い、子どもたちのために生きることにした。そこで、当時は慣習から言っても法律的にもまったく言外だったが離婚を要求した。決心は変わらなかった。どうしても離婚したかったのだ。〔周囲の〕予想を裏切り、彼女は自らの闘いを貫徹した。彼女の父親の地位が夫より高かったので実現したことだった。離婚に際し、彼女は子どもをひとりだけ連れていくことを許された。ところが夫がどんどん没落していったために、そのうち子どもたち全員を自分の庇護におさめ教育した。老いた今になって、そのすべてがキリスト者になっていることをよろこんでいる。

離婚後何年かして彼女は東京へ移り、教師として働いた。その前にまず、自ら一種の教員養成所［教員伝習所］で学んだ。そこで彼女は、日本で最初の教科書のいちばん初めに書かれた文章を読んだ。「初めに神が、天と地と、ほかのあらゆるものを造りました。人間は、神が造ったものの中で最高のものです。」この文章が彼女にいろいろと考えさせることになった。[*31]

彼女はまた、その文章が主としてキリスト教の聖書から取られているとも聞いた。聖書を読んでいる生徒や教師が、読んでいない人たちとはまるで違っていることにも気がついた。これもまた彼女を考えさせた。

そのころ、ある日本婦人からトゥルー夫人［Mary True, 1840-95 アメリカ人宣教師］のところでさらに勉強したらいいと紹介された。そうしてさらにキリスト教と接触するようになったのだった。ところが別れた夫の家で問題が起こった。子どもたちのことだった。詳しい事情を私は知らないが、彼女は勉学を一時中断して、海路夫の住んでいた熊本へ向かった。旅の読物に彼女は、ちょうどそのころ邦訳が出たパウロの書簡を持っていった。その書簡を読んで非常に強い印象を受けた彼女は、途中で、生まれて以来ずっと持っていたお守りを海に捨てた。そうして外面的ながら異教と別れを告げた。

熊本で問題はやがて解決され、勉強を続けるために東京に戻り、子どもたちをひとりまたひとりと引き取り、結局全員を引き受けた。当時の彼女はキリスト教の真実を全面的に確信するようになっていたが、受洗はまだためらっていた。そしてコレラに襲われた。人びとが大量に死んでいった。彼女の親友も死の床についた。親友が快復した時に彼女は言った。「もしも今あなたが死んだら、それはうまくいかなかったってことよ。あなたも私も真実を認めるってことをちゃんとしていなかったってことですもん。あたしたちふたり、思いきって洗礼を受けたらどうかしら。」親友は受諾した。矢嶋女史が自分の決心を先生に話すと、先生は喜びのあまりに涙を流した。矢嶋女史はびっくりして、「私に洗礼を受けさせせようとずっと思っていたのに、どうしてもっと頻繁にその話をしなかったのですか?」と聞くと、先生は、「それはね、私が言葉を挟んで邪魔をしてはいけないと思っていたからよ。あまり言わなかった分、もっとお祈りをしていました。」

そうして矢嶋女史は［一八七九年築地新栄教会で］受洗し、その翌年［一八八一年］、後にほかの学校［新栄女学校］と合併して今の学校となった学校［櫻井女学校］の校長に就任した。

自伝の概略を話し終えてから矢嶋女史は最後に次のようなことを語った。

「私のようなおばあさんの話を聞いてくださってありがとうございました。私の外部的なこと、仕事のこととか学校のこととかを聞きたがる人はたくさんいますけど、内的な人生のことを聞きたいと思う人はほとんどいないからです。そう、七四歳の時にアメリカに旅行しましたが、もっと年をとって八〇歳になったら、今度はヨーロッパに行きますよ。そうしたらまた会えるかもしれませんね！」

その通りである。もし来ることがあるのなら、心から歓迎しよう。

＊30

三浦綾子『われ弱ければ——矢嶋楫子伝——』を繙くまでもなく、矢嶋がスコウゴー＝ピーターセンに語ったことと通説の間にはかなりの隔たりがある。たとえば、「年若くして結婚する」とあるが、楫子は二五歳の時に、初婚にはもはや遅いとされて子供が三人あった富豪の林七郎のもとに後妻として嫁いでいた。そして自分も子供を三人産んでいるが、それは伏せて、子供［末子］を一人だけ連れて離婚した、と言っている。さらに東京に移り、兄のところに身を寄せていた楫子は、妻子持ちの書生との間に女児をもうけて出産、農家に預けてふたたび一人で下宿生活に戻ったが、そのことには触れていない。それもそのはずで、この「過ち」については、榾子は死ぬまで公表しなかった。

＊31

明治六年に文部省から発行された『小学読本』は、次の言葉で始まっていた。「天津神は、月、日、地球を造り、のち、人、鳥、獣、草木を造りて、人をして諸々の支配をなさしめたり。神は万物を創造し、支配したもう絶対者なり。」言うまでもなく、聖書の創造論をもとに書かれた言葉である。

Ⅳ　訪問の成果――三つの共通点――[*1]

［前略］

以上描写してきた日本の十数名のキリスト教指導者たちの人生模様を詳しく見てみると、三つほど共通点が目立っているので、それをここで取り上げてみたい。

最初に留意すべきは、彼らが例外なくすべて第一世代のキリスト者である点だ。みな異教徒からキリスト教への大いなる転向を個人的に成し遂げた。ただひとりだけ（中田牧師）、母親に連れられて教会へ行ったことを述べているが、子どもの時に洗礼を受けた者はひとりもいない。

それが何を意味するかを一瞬思うにつけ、これらの人びとに対して深い尊敬の念を抱くにいたる。

私は宣教師たちのことはよく知らないので、第一世代のキリスト者たちがどんなふうにさまざまな宣教の場に「転がり出てきたか」、概観することはできないが、私にわかっているのは、日本の宣教の場において彼らがきわめて非自主的であったことだ。あたかも「キリストの子どもたち」だったかのよう［に受け身］なのだ。もうひとつわかっているのは、例外を指摘できるのはもちろんながら、ほかの国民の第一世代キリスト者のうちに、日本ほど多数の指導者を数え上げることができるかどうか、はなはだ疑問である点である。

彼らのうちの何人かから、キリスト教の真実の世界が混沌からまだ完全には浮かび上がっていないという印象を受けたことは認めざるを得ない。けれどもそれはわが国［デンマーク］の多くの人たちにも言えることではないだろうか。さらに、日本人の「自治的傾向」が往々にして日本の国民的性格の欠点と関連していることも認めるし、それについては次項で後述する。にもかかわらず、まだ若い日本の教会にこれほどたくさん「指導者」がいることを基本的に自治心から説明したり、これらの指導者を一貫して不明瞭で未熟だと決めつけたりすることは、まったく不公平と言わざるを得ない。彼らの多くはまったくその逆だからである。生まれながらの指導者であり、優秀で独立心に富んでいる。

これはまたおそらく次の二つの共通点と関連がある。彼らはほぼ全員が、改宗する前に侍であり儒者であった。

それが何を意味するのか、と思うであろう。侍は本来、特権的な武人貴族階級だった。一般の平民たちに対する貴族の立場であったのである。「二本の刀」を差す権利があり、役所に殺害の件を届け出しさえすれば、平民相手に「刀の切れ味を試す」こともできた。けれども同時にきわめて厳しい鍛錬を受け自己規律を養わされていた。――そして一八六八年の維新となり、天皇がふたたび権力を手に入れ、数年のうちに特権的貴族は廃止された。一夜にして侍は収入を失い、家も家族も失ったものさえ多くいた。ほとんどが禄で暮らしていて、地所を持っていたものはほんの少数だったからである。貴族たちは貧窮した。前述の生い立ちの話のいくつかに、その様子を垣間見ることができる。けれども侍は、大体がフッと吹かれて倒れてしまうような堕落した上流階級ではなかった。身体、勇気、知性のいずれにおいても何百年にもわたって鍛え抜かれてきていた国の最良の人材だった。したがって嵐にも耐え抜くことができた。そのために古い貴族階級が、貧窮に屈し没落のどん底に落ちながらも新生日本の指導者として再生するという奇妙な現象を見ることになったのだ。昔の特権を利用してではなく、個人的な優秀さのおかげで。

政治的転覆によって生きるための闘いに向き合わされた屈強な貴族階級がなかったとした

ら、日本は実際このように優れた指導者たちを多数得ることはできなかったであろう。

ここで付け加えておくべきだろうと思うのだが、大事なことは、もと儒者であった（ほとんどがそうだったのだが）侍が第一線に出てきたことである。少なくとも教会に関してはそうである。すでに見てきた人びとの多くは、日本の慣習に従って、キリスト者となる前にほかの宗教とも関わってきていたが、ほとんど全員が、儒教に則って生きてきたことを強調していた。

これは興味深くかつ学ぶべき傾向である。儒教は、特に日本では、非常に厳しい倫理的力を持っていた。寺社を持たず、そのために偶像崇拝や迷信などの悲惨に落ち込むことなく無難にやってくることができ、その実践は、古典の高みをほぼずっと保ってきたと言える。

それほど多数の儒者が日本でキリスト者となり、しかも最良のキリスト者となったことは、真面目な品行がキリスト信仰にもたらされたことを意味する。

〔後略〕

＊1

原著ではこの章の表題が「［訪問の］いくつかの成果」となっており、訳者の推測では、これをもとにスコウゴー＝ピーターセンは報告書をまとめたようである。まず、「宣教に対する愛」「宣教の方法」「宣教に対する期待」と一般論が語られ、そのあとで、日本で出会った「指導者たち」に見られた「三つの共通点」が語られている。一般論には特に日本のことは記述されていない。〔後略〕の部分は、「三つの共通点」の叙述を最初の一般論三点に関連させたもの。一般論自体が本書の眼目からは外れているために、この部分も省略してある。

なお、スコウゴー＝ピーターセンは「序」において、「「訪問の成果」の章では、ほかの国々を旅した体験も折にふれて利用してある。」と記していたが、本文中にインド、中国のことが出てくるのは別として、中国と日本を比較したりしているのは次の「日本人の特徴」の章であり、「訪問の成果」の章ではない。

V　日本人の特徴

国民一般を特徴付けることは難しい問題で、私は自分がまちがっていないなどとは絶対に言えない。ただ単に日本人から受けた印象を記すのみである。留意していただきたいのは、その印象を、実際に「日本人を」目にする機会を得て、理解しようと務めた者として書き記すという点である。

日本にいる日本人（ヨーロッパにもいる日本人ではなく）と接触する西洋人が最初に驚かされるのは、その大げさな礼儀作法である。

作法は作法で、文字通りに受け取る必要はないのは分かっている。どの国民にもそれぞれの作法があるのは知っているし、自分たちの作法をそのまま普遍的なものにしようとするのは、愚か者だけである。さらに私の個人的体験からすると、作法には往々にして本物の心優しさが秘められていて、私はそれに感謝している。にもかかわらず、日本の行儀作法は行き過ぎだと躊躇せずに言える。

全体としてこの国民は、挨拶と慣習的な表現に関しては、寸法の大きすぎる服を着て動いているように思える。

それが私に奇妙な印象を与える。

（何度も頭を下げ、相手が顔を上げるまで身体を二つ折りにしたままでする挨拶は）端で見ている者にとっては茶番劇にしか見えない。［中略］旅館へ行っても、まるで仏でも拝むように店の者が畳に額をつけて出迎えの挨拶をする。

こうした大げさな挨拶の作法は、言語表現にも現れている。

日本人がよその家を訪ねていくと、主人は汚い所だと言い、客は御殿だと言う。食事が出されるときも同じで、主人はつまらないものだと言い、客はすばらしい御馳走だと言う。

［こうした環境で］キリスト者である日本人はしばしば難しい場面に出くわすことになる。心をこめて作ったおいしいケーキを、汚くてまずいものだと言って出すべきなのかどうか。

この種の誇張された表現は、言語的に固持されていて、それが国民的性格を照らし出している。

大げさな作法や形式の当然の帰結として、日本人は人前に出た時にしばしば優柔不断であやふやになり、はっきりものを言うかわりに遠回しに言ったりほのめかしたりする。いろいろな点で不明瞭で間接的な言語であるが、極め付きは奇妙なことに代名詞が不足していることであり、代名詞があってもそれをほとんど使わないことである。直接にものを言ったり表現したりすることがほとんどないのである。

間接性とほのめかしを好むのは、日本の詩歌の神髄なのだが、日本語で説教をする時には危険性をはらんでいる。

また別の方面からも、人前での振舞や詩歌や説教におけるあいまいさと没個性が増長されている。すなわち、心の深みの思いを押し殺してしまうことである。そのために、目覚めつつある罪の意識を放し出すかわりに、押さえ込んでしまう。

ほかの多くの場合でもそうだが、ここでも、すべて深い思いを原則的に抑圧してしまうことで、そのまま非真実に向かわせてしまうのだ。けれども大抵の場合は、ほかの行儀作法の形式と同じく、ただ単にあいまいでなんの変哲もない振る舞いをさせるだけなのかもしれない。

深い思いを意識的にすべて抑圧することは、かわりに個性の別の面である意志力を育てると人は言うかもしれない。それはある程度真実なのであるが、私は次の奇妙な事実を指摘しておきたい。すなわち、日本語は「意志」という言葉、「何かをしたい」という動詞を持っていないのである。聖書にその言葉が出てくる箇所では、おかしな回り道をして表現しなければならないのである。大体において、日本人の性格に見られる、表現の場面や行動様式においてあいまいで間接的な道を選ぶ傾向は、多くの人の目に、もうひとつ別の日本国民の性格と奇妙に矛盾しているように映るのである。西洋がよく知りよく聞かされている、戦争や他国との競争において前面に出される決然な態度と自己主張がそれである。この両面性は、たまたま組み合わされたものではなく、結局のところ、同じ幹から出た別々の枝に過ぎない。

日本人の心の奥には、たびたび指摘されているように、非常に発達した社会意識があり、国民的英雄を崇拝するまでにいたることがある。この共同体感覚が日本人にある方面で滅私を行なわせ、あいまいで不明瞭にさせる。個人として一歩後退することに慣れているからなのだが、また別の方面では不屈で攻撃的にするのである。国の名誉、社会の名誉に関することになると、何ものも彼を引き留めることができなくなる。それが戦時に彼を英雄にするのであり（英雄的な死は、滅私と自己主張が心の深部で結ばれたものである）、また往々にして、笑われ者に見なされそうになってさえ、まだできはしない分野であれ、行き過ぎた自治への欲求へ駆るのである。日本民族は、他国と依存関係にあってはならないのだ！

こうした少々ピリピリした自治への欲求には、日本への旅行者が一歩歩くごとに出くわすことになる。言葉の本当の意味で、日本人を自立した独自の国民とは呼べない。いずれの敵国もいまだかつて日本の緑の国土に足を踏み入れたことがないのは、彼らの誇りとするところである。けれども精神生活となると、独自なものはほとんど生み出したことはない。宗教生活や文化生活のほぼすべてがインド、中国や西洋からの借り物である。彼らの国民的誇りは、外国人のもとで学んだり、その指導下に入ったりすることを屈辱だと見なしている。生産的な自立性を欠いているまさにその事実が、ますます彼らの自立への欲求を強めている。ことあるごとに自立を強調したく思っているのである。日本人は、自分ではできないくせに「しよう」とする子どものようである。

同じようなことはさまざまな分野で感じられるが、教会の分野でもそうである。あまりにも早く発達した自立への欲求は、かなり未熟で軽率な表現をもたらし、神の国の仕事にとって必要以上に困難な状況を作り出した。西洋のキリスト者をびっくりさせるような例を数多く挙げることができるが、その反面で認めなければならないのは、上述したように、日本のキリスト教徒の間には多くの生まれながらにしての指導者がいることである。けれどもこうした状況は、教会でも他の分野でも、今はもう落ち着いてきていることを付け加えておくべきであろう。

「外国のもの」への態度は、維新の日々以来、二つの両極端を走り抜けてきた。最初に西洋の文物を無批判に取り入れ、丸呑みにした。そしてその反動が来た。二つの戦争を勝ち抜いて日本は自己意識に目覚め、それが「外国のもの」と正面衝突をすることになる。今は日本の、日本的な日本を望んでいるのだ。けれども西洋の文化なしですませることも、それを独自にこなすこともできないため、この反動はしばしば滑稽で無理のある様相を呈すること になった。西洋の技術を模倣し、西洋よりずっと前進していると大風呂敷を広げたのである。けれども今はそれも平衡を保つようになっている、というのが私の印象である。振り子は両極端に達していたが、今は中心を目指している。それがだれにとってももっとも健康で幸福であるのは疑う余地がない。

こうした極端な振幅の時代に、将来を見通し正しい判断のできた一連の指導者たちのもとで優れて有能な政府を持ち続けることができたのは、まったくもって日本の幸運であった。中国とはなんと画然とした対照であろう。日本を旅していると、政府が［国の］品位を高め文明と秩序を推進しようとしている熱意と努力の一面を次々と目撃することになる。政府の

「好ましい意図」には深い敬意を払わないわけにはいかない。概してそうして政府に導かれることは日本国民の名誉である。国民的な共同意識がここでもう一度「忠誠」という形で立ち現れてくる。

けれども強い国家意識が多くの点で日本の力であり名誉である一方、その裏面の、野心的で狭小なナショナリズムが日本に苦痛をもたらす「[害]虫」であるのは否めまい。私は、それが現代の日本で神の王国にとっても最大の困難であると言うのにやぶさかでない。国の虚栄心が純粋に個人的な虚栄心にたやすく転じ、栄誉を求める人の心が信仰心を殺してしまうのは別として、ある者にとっては無意識にだろうが、キリスト教と西洋文化を何かしら日本独自のものと抱き合わせて扱おうとする、かなり見やすい傾向があるからである。あたかも、キリスト教の崇高な輝きを実際に目にした者の多くが、夢中になって日本の歴史の引き出しやら箪笥を探しまわって西洋にはない精神世界の一品を見つけ出そうとしているようなのである。[その目的のために、]多少近代化された英雄信仰が使われるようになるにちがいない。

キリスト教の社会においても、聖書と使徒に伝えられている福音書をさしおいて、自分たちで何かをしたいという神経質な傾向を時々感じることがある。

キリスト教は西洋の宗教ではなく、世界の宗教であることをおぼえておく必要があろう。

キリスト教的な意味での独自性は、何かあたらしいことを編み出して得られるのではなく、キリストの力によって自分を新しい人間にすることにあるのである。

古い福音書を真摯に受け入れることが、ほかの何よりもまして、日本民族の最良の性格をかき消すことなく、革新を伴って日本独自の精神生活を形成することになるであろう。

付録

一　宣教師イェンス・ウィンテルの観察

ウィンテルの生涯

イェンス・ウィンテルは一八七四年に生まれ、ルーテル派教会の熱心な活動家であった両親のもとで育った。一八九六年、二二歳の時に宣教師としてデンマークからアメリカに渡り、トリニティー神学校を九八年に卒業して日本へ到着した。翌年日本で伝道を行なうことを決心してアンドレアと結婚、久留米などで活動を続けていたが、日露戦争後の一九〇六年に胃病のために離日し、シカゴの病院に入院した。翌年にデンマークを訪問したあと、一九〇八年にふたたび日本を訪れた。そして、熊本で開校された神学校に教師として加わり、旧約聖書と聖書地理を教えた。ちなみに同校はサミュエル・ブラウンが校長で、新訳釈義と弁証学を受け持っていた。カール・スコウゴー＝ピーターセンが日本を訪れたのは一一年のことである。

第一次世界大戦後の二一年から二七年までウィンテルはデンマークへ帰国して牧師生活を続け、二五年には賀川豊彦の訪問を受けたりしていたが、三度目の来日を果たし、二八年から久留米の宣教師となった。そして三一年には博多での伝道に着手し、新生館の館長に就任した。

三七年の支那事変から滞日外国人宣教師の状況は厳しくなり、ウィンテルは四一年にシカゴに引き揚げた。日本敗戦後の四六年に脳溢血で倒れ、一年ほど療養。娘のマヤが宣教師として佐賀に赴任し、ふたたび日本とのつながりが生まれる。四九年に妻のアンドレアが他界し、ウィンテルは四度目の日本行きを決心して五〇年に横浜に到着した。すでに七五歳になっていたウィンテルは、渡航費を自分で工面しての来日だった。覚悟のほどがうかがえた。同年九月に神戸ルーテル聖書学院が開校し、教授に就任、同校が五七年に神戸ルーテル神学校となってもウィンテルは引き続き在職していた。

神戸ルーテル神学校時代のウィンテル
鍋谷堯爾『人間ウィンテル』(聖文社、1974年)所収

五八年には日本でもデンマークでも受勲したが、六九年になると身体が衰弱して授業ができなくなり、七〇年に召天。九五歳であった。遺体は神戸再度山《ふたたびさん》の外人墓地に埋葬された。一八九八年初来日以来、途中三度中断していたとは言え、延々七二年に及んで日本で宣教師を務めたウィンテルは、「日本伝道の鬼」と呼ばれている。

神戸ルーテル神学校にはその敷地に現在でもウィンテル宣教師の蔵書や書簡類が保存されているが、筆者はそこでカール・スコウゴー＝ピーターセン訪日時のふたりの関係とその後の交流を示す文書を発見した。さらに、鍋谷堯爾氏の著書『人間ウィンテル』（一九七四年）には言及がないが、ウィンテルは日本の宗教界に関する英文の小冊子を東京の教文館から一九一一年に出版していた。現在では稀覯本である。

本章では、ウィンテルの書簡と小冊子、この二つの文献を用いてスコウゴー＝ピーターセンの『現代の日本から』の記述に補助線を引き、その観察に深みを与えてみようと思う。

ウィンテルの書簡から

神戸ルーテル神学校に保管されているイェンス・ウィンテルの書簡のうち、『現代の日本から』の初稿を読んだ感想とコメントをカール・スコウゴー＝ピーターセンに伝えた一九一一年九月四日付の書簡については、関係するコメントを、すでにそれぞれの章に注として付しておいた。

ウィンテルの書簡は、年ごとに製本されている。厚紙の表紙を付け、背表紙には活字で年が刻印されているのを見てもわかるように、ウィンテルは実に几帳面な性格であったようで、筆まめに書かれた書簡は日付順に並べられ、各頁に番号まで振ってある。書簡と言っても、原本は投函され発送されているので、残されているのはカーボン紙に写されたコピーである。書簡はほぼ毎日書かれているので、それ自体で日記の代わりをしていたようであるが、それに費やしていた時間を思うと呆然としてしまうほどの分量である。


一九一一年九月四日、二五八〇頁は両親への手紙である。上段に「軽井沢」と記してあるこの手紙は一葉を埋めて書かれているのだが、途切れたままになっている。

そして次の二五八一頁から二五九三頁までの一三葉が、カール・スコウゴー゠ピーターセンに宛てた手紙で、両親宛の手紙同様、「軽井沢　一九一一年九月四日」とあり、ウィンテルの手紙には必ず記されている「神の恵みと平穏を！」が見える。

冒頭いきなり、「大著が届きました。喜んで読了しました。以下は私の批判点です」と書き、一点ずつコメントを加えている。「大著」の「大」に下線が引かれてあり、「著」とあるが、これはまだ活字になっていない初稿のことである。それにしても、生原稿を清書するのに要した時間、デンマークから日本へ郵送されるのにかかった少なくとも二、三週間、ウィンテルが原稿を読了するのに要した時間を考慮に入れてみると、スコウゴー＝ピーターセンが日本滞在後いかに早く原稿を作成していたのかがわかる。

ウィンテルのコメントはすでに訳注のなかで紹介してあるが、原稿に対する最後のコメントとしてウィンテルは、「豊臣」と「秀吉」が同一人物であり、「太閤」とも呼ばれていたことを述べ、日光で見た行列で、家康の次にいたのが秀吉だった、と書いている。このことから、『現代の日本から』では、「奈良」の項に続けて掲載されている「日光」が、原稿ではいちばん最後におかれていたことがわかる。それはまた、スコウゴー＝ピーターセンとウィンテルの旅程が西から東に向かい、東京の後で日光へ向かったのを裏付けているように思われる。

初稿の何頁の何行目、とひとつひとつコメントを伝えてから、ウィンテルは手紙の最後で、同書が従来の日本関係の図書に出てくるような無名で「平均的な日本人」一般ではなく、実在の日本人を描写している分、実に新鮮であると賛辞を送っている。

そのあと、ウィンテルは話題を同志社の件に移している。スコウゴー＝ピーターセン日本滞在中にも話題になっていた事柄のようで、最近（と言っても実際は二年前の一九〇九年に）発行されたオティス・ケアリーの『日本キリスト教史』（Otis Carey: *A history of Christianity in Japan*）第二部「プロテスタントの宣教」、二五五頁以下に同志社についての記述がある。高価な本だし、デンマークで入手できるまでには時間がかかるだろうから、今同書を読んでいる途中の人から聞いた話を伝えておく、と前置きしておおむね次のように記している。

新島襄生存中［一八九〇年に死去］には問題のなかった宣教師たちと同志社との関係が九〇年代に悪化した。小崎［弘道］はいい人だったけれども、総長としては不運だった。宣教師たちと日本人たちとの間で正統派［福音派］か急進派［新神学、自由主義神学］かをめぐって二転三転する対立があったが、小崎は力不足で収拾できなかった。［小崎自身、日本滞在の宣教師たちを刺激する見解を一八九三年シカゴで開催された世界宗教会議で行なった演説で示し、日本文化の優位性を強調して外国人宣教師が伝道先の日本文化と思想を理解することは困難だと主張していた。］そこへ超急進派の横井［時雄］が登場し、皇室への敬礼をめぐる政府との関係、来日アメリカ人との問題などで対外的に事態を紛糾させ、自身も収賄事件で刑務所入りした。同志社の混乱を収めたのは伊藤侯と大隈伯だった。日本の評判が西洋諸国の間で落とされるのを避けるために、同志社の理事会を退陣させた。超急進派の時期は去り、ふたたび宣教師たちといっしょに仕事をすることができるようになった。

以上のような「報告」の後、ふたたび話が変わって、ウィンテルがその夏ＹＭＣＡのサマーコンファレンスで講演を頼まれて忙しかったことを告げている。講演の内容は「日本における宗教の現状」で、それをたまたま来日中だったキャンベル・ホワイト〔J. Campbell White, 1870-1962 ＹＭＣＡカルカッタの総秘書〕が聞きつけて、アメリカの読者のために本を一冊書き下ろすように言われている。講演には、その春〔初夏の五月から六月ごろ〕にスコウゴー＝ピーターセンとした旅行が大いに役立っていて、その体験を利用してある。講演は非常に長くなり、時間の都合上途中で中止しなければならなくなってしまったが、説得されて講演全体を活字にすることになった。出版が決まるとすぐに三〇〇部の注文があり、校正で忙しい思いをした。別にＹＷＣＡ〔キリスト教女子青年会〕からも講演を頼まれて、これは雑誌『日本福音者』*Japan Evangelist* に掲載され、後でパンフレットになる〔この二つの講演をもとに、ウィンテルの小冊子が教文館から刊行された」。

講演は日本の宗教の問題を扱っていて、まず問題点を取り上げ、現在の宗教上の状況（神道、禅・真・日蓮の各仏教宗派、天理教、男根信仰、動物崇拝）を個々の宗教を分析することで概観し、それを一〇の異なる観点から論じて、最後に課題は何であるかを問う。学術誌『アジア協会』*Asiatic Society* に原稿を送っては、とも誘いを受けているが、鶴に混じったスズメのようであるから送らない。その代わりに、『北欧宣教雑誌』*Nordisk Missions Tidsskrift* に掲載してはと思う。スコウゴー＝ピーターセンの本が出版された後ならば、重複部分を削除し、関連ページを参照するよう書き入れることができる。

これと同じような執筆の仕事をするように言われているのだが、時間がなくてできない。けれども村上〔専精〕教授の講義は英語に翻訳してみようと思っている。彼の家を訪ねていった時に見せてくれたものだが、翻訳するなら原稿をしばらく貸していただかなければならない。

スコウゴー＝ピーターセンはぜひもう一度日本へ来て、日本人の宗教観を探ってほしい。自分ひとりでする勇気はとてもないので。

来週から久留米で「覚醒会」を一五日と一九日に二度開く。福岡でも三〜四日参加する。

そのあと学校がまた始まるので、ひと月ほど身動きができなくなる。

要約すると以上のようなことを記したあと、もう一度スコウゴー＝ピーターセンの本の話題に戻って、図版の件に触れている。日光へいっしょに行った時に撮った行列の写真を三枚と、賀川［豊彦］の日曜学校の写真を送る。手紙は明日にでも投函できると思うが、写真は入手でき次第、すぐに送る、と約束していた。日光で撮った写真は『現代の日本から』で利用されているが、賀川の写真は後述するウィンテルの自著で使われた。

それから、意味の分からない部分もあるのだが、次のようなことを記している。

内村［鑑三］からの引用はひとつもできない。彼が気の毒でならない。［熊本の］家に戻ってからしばらくして彼から手紙が届いたが、私のことを非難していた。返事を出して、彼の写真を送ってくれるようお願いしたが、まだ連絡がない。内村は自分の雑誌［聖書之研究］の最新号で宣教師たちが困惑するようなことを書いていたと人から聞いている。内村らしい。

そして最後にふたたび、コンファレンスから戻ったら写真を急いで送る。シベリア経由にする、と書簡を結んでいる。

内村鑑三『聖書之研究』と外国人宣教師

ウィンテルの書簡に言及されていた内村の雑誌『聖書之研究』最新号には、一九一一年初夏から九月にかけての号で外国人宣教師に宛てた挑戦的な記事を英文で三本掲載している。

六月発行の一三一号では To our missionary-critics と題して、どんな宗教的組織にも属していないイエスの弟子たちである日本のキリスト教徒を、外国人宣教師たちは安心して神の手に委ねるべきだ、と主張。同月の一三二号の Faith or Church では、汽車の中で会ったアメリカ人宣教師が無教会主義についてからかい半分に質問してきたのを逆にやり込めたエピソードを紹介。そして九月の一三四号では、More about Missionaries を書き、外国人宣教師は、「改宗」することのすさまじい経験がないにも関わらず、「既成の」観点を振りかざしてわれわれ日本人を「征服」しようとしている。イスラム教徒がキリスト教国家に対してしたように、彼らは異端のわれわれを服従させるために送られてきているのだ。彼らはわれわれの心を勝ち得ることはなかった。われわれからすべてを要求していながら、自分たちはほとんど何も、いや何一つ与えようとしなかったからだ。宣教師たちは、異教徒が改宗し彼らの教会に加わらない限り、喜んだり感謝したりすることはない。

以上のような「信仰」のみをキリスト教の真髄と見なす無教会主義の立場から、内村は攻撃的な発言を不屈に繰り返していたが、ウィンテルの耳にしたのはこうした記事のことであろう。

＊　＊　＊

スコウゴー＝ピーターセン宛の書簡を終えて次の二五九四頁は、「そう、お分かりの通り中断していましたが、スコウゴー＝ピーターセンに宛てて手紙を書いていたからです」と始まっている。二五八〇頁で両親に書いていた手紙を、文章の途中、正確には単語の中途で遮って、スコウゴー＝ピーターセン宛の手紙を一三葉書き続けていたのだった。実際には二五八一頁にかけて両親への手紙をしばらく続けていたのだろうが、それは破棄し、あらたに別の手紙を書き始めたのである。しかも、引用部分に続けて、同じことを二度語る面倒を省くために、特別の写しを用意したとも書いている。つまり、スコウゴー＝ピーターセン宛の手紙はすべてそのまま写されて両親への手紙の一部として送られたのだった。何という周到さ、几帳面さであろう。ウィンテルの人柄を彷彿とさせるエピソードなので記しておく。

そして次の二五九五頁であるが、これは同じ軽井沢発だが翌五日の日付で、受取人はキャンベル・ホワイト氏である。ウィンテルが日本の宗教の現状について講演することを耳にして、アメリカの読者のために本を一冊書き下ろすように促した人物であるが、ウィンテルはこの書簡で、なんとスコウゴー＝ピーターセン宛の手紙でそのことに触れた翌日に、自分の手には負えない旨を告げて申し出を断り、代わりに講演の小冊子が発行されることを知らせていた。ちなみにウィンテルは、コンファレンスが「妙義《みょうぎ》（軽井沢の南）」で開かれたと書いている。

ウィンテルの英文小冊子

J.M.T. Winther『*Present Religious Spirit and Problems*（現今の宗教心と問題点）』は東京銀座の教文館から一九一一年一〇月一八日に出版され、奥付の著者名は「ゼー、エム、テー、ウィンサール」となっているが、英文の表紙ではウィンテルを熊本のルーテルゼミの牧師（Lutheran Seminary Kumamoto）と紹介している。そしてこの小冊子が、ＹＭＣＡとＹＷＣＡの夏のコンファレンスで行なった講義であることが明記してある。タイトルは改めたようである。Ａ６版で小型、しかも六五頁の小冊子であるが、諸処に詳細な注が施されている。

上野の美術館で見た一枚の絵、仏と孔子、老子、キリスト、そしてその四人からひとり離れて立っている子どもがいっしょに描かれている絵を冒頭に紹介しながら、ウィンテルは現代の日本がおかれている宗教界の状勢を分析していく。

日本人は宗教的であるか、と設問し、宗教的であるにはちがいないが、それは何を意味するのか、と問題を集約していき、「宗教的混乱」を語る。そして日本の代表的な「宗教」を、神道、仏教、禅宗（仏教のクエーカー）、真宗（仏教のメソヂスト）、日蓮宗、儒教、天理教、男根主義、動物崇拝と項目分けして説明するが、スコウゴー＝ピーターセンと共にした視察旅行での観察から、熊本本妙寺ならびに大阪四天王寺でのエピソードを注において紹介している。

続いて日本のキリスト教徒に関して語り、一〇種の「態度」を挙げている、すなわち、哲学的、無関心、混淆的、模倣的、恥に満ちた態度、悲観的、商業的、倫理的、宗教的、迫害的な態度である。最後の「迫害的」態度の理由についてはさらに「歴史的」「政治的」「社会的」「精神的」と分類して説明を加えている。

そして最後に、問題点を掲げ、憲法を採択していながらその精神がまだ活かされていないのと同じく、キリスト教も、日本ではイエスに反対するものすべてを否定した信仰にはまだなっていない。聖書を与えて学ばせ、祈りによって彼らを導くしかない、と総括し、小冊子の結びは祈りの言葉になっている。

ウィンテル本人も指摘していたように、この小冊子は論文ではなく、ウィンテルが日本滞在中に学びかつ神学校で教えていた知識を駆使し、さらにスコウゴー゠ピーターセンとした旅行で日本のキリスト者のみならず仏僧たちにインタビューを行ない、神道などの儀式を観察するなどして得た「生の」体験を消化し情報化したものであった。ウィンテルはあくまでも伝道の人、宣教師であり、日本語を学んでかなり高度な通訳ができたようであったが、彼の信仰にはたえずルーテル派教会という組織がつきまとっていた。

その点は、デンマーク聖書学校の校長として、日本でキリスト教をいかに有効に布教するかを探るという目的で来日していたスコウゴー゠ピーターセンも同様であった。彼が具体例を収拾し個別に提示していたのを受けて、ウィンテルはそれを、固有名詞はいっさい出さずに言わば透明化して、「傾向」として抽出して見せたのだった。ふたりの著作は、その意味で相補関係にあったと言えるだろう。

ウィンテルは小冊子の奥付のページに細字でスコウゴー゠ピーターセンの『現代の日本から』に言及し、同書が各国語に翻訳出版されることを願っていた。

二　内村鑑三『デンマルク国の話』

規模の差こそあったが、日露戦争後の日本がデンマークで興味の対象になっていたのと呼応するように、日本でもデンマークという国が話題にのぼる機会がままあった。一九世紀半ばに起こり、国の教育制度を革新的に向上させていたデンマークの国民高等学校の制度と、それと同種の精神で発達した協同組合運動を基盤にした酪農国家への躍進的な発展ぶりは世界に知られるようになっていたが、その影響が日本でも見られるようになっていたのである。

例に漏れず外国文献の翻訳から始まった紹介の波は徐々に広がってデンマーク全般に対する関心となり、一九〇六年には、同年逝去したデンマーク国王クリスチャン九世に関する記事が、当時の日本で代表的な雑誌であった博文館発行の『太陽』第四号に掲載された。クリスチャン九世は、子どもたちがイギリス皇后、ギリシャ国王、ロシア皇太后などになっていたため、「ヨーロッパの舅君」と呼ばれていた。一八六三年に即位したが、早くも翌一八六四年にドイツとの国境問題が悪化し、シュレースヴィヒとホルシュタイン二州の帰属をめぐって対オーストリア―プロシア戦争が勃発した。デンマークはビスマルクの前に敗退し、国土の三分の一を失って沈滞した。同記事は「其の系統」「其の厄運」「其の人格」「其の一族」と項目別にクリスチャン九世を論じ、写真四葉と系譜も載せて、ヨーロッパの波乱万丈の時代を生き抜いて国民に愛された庶民的な国王を賞揚していた。

デンマークは一八六四年の敗戦がトラウマのようになっていたが、屈強な国民はそれに打ちひしがれることはなかった。当時は最新の技術であった電信事業を次々と拡大し、大北電信会社を設立、上海―長崎―ウラジオストク間に海底電信ケーブルを敷設して日本を電信で世界につないだのはデンマークで、それによって国威が上がった。また農業の部門でも、デンマークは従来の生産方式を改めて能率化し、酪農を発展させて生産力を飛躍的に拡大し輸出産業にまで育てていた。それとともに協同組合の運動が浸透していったが、こうした活動はいずれも、敗戦の屈辱に耐え、新たな活路を見つけようとした努力が実ったものである。もうひとつ忘れてはならないのが、ユトランド半島の広大な領域をおおっていたヒースの荒地を開拓して植林し、農地に変えていった忍耐強い活動であった。エンリコ・ダルガス父子の指導のもと、ヒース教会が行なったこの事業は、外で失った領地を、国土の五分の一にあたる国内の荒地を農地に変えることで取り返そうというもので、努力の結果が目に見えるようになるにつれ、世界が注目するところとなった。

この、敗戦による痛手を乗り越えて、国土を改良し富を築くまでに至ったデンマーク人の話を教訓として内村鑑三がした講演が、『デンマルク国の話』だった。東京柏木の今井館で一九一一年一〇月二二日に行なわれた。

話は前後するが、内村鑑三の『代表的日本人』を一九〇七年にデンマーク語に訳して出版していたマリア・ウルフ（Maria Wolff, 1848–1918）は、その前年に『余は如何にして基督信徒となりし乎』*How I Became a Christian: Out of my Diary* のデンマーク語版も刊行していた。『代表的日本人』翻訳の際には、内村と連絡をとったりもしていた。

一九一一年一〇月に『デンマルク国の話』を講演した後、内村鑑三はウルフに英文で書簡を送り、「自分の雑誌『聖書之研究』の最新号に講演を掲載したが、講演は小冊子にして出版するので、それに載せるダルガスの植林についてのいい写真を送ってほしい」と懇願している。同じ書簡で内村は講演の意図を、日本国民に他国の領土の征服を望んだりせず、すでに所有している国土で満足するよう自覚を促すことだった、と明かしている。デンマーク人ダルガスの模範的な例は、「〔日露戦〕戦勝の後で、それを喜ぶ代わりに嘆いている日本国民にふさわしい話」だとも書いていた。

ここで興味深いのは、内村が書簡中で、「講演のために資料を集めたアメリカの雑誌」に写真はあるのだが、自分の小冊子には適当でない、と記していることである。資料の出所がこれでわかるが、内村はなぜ一九一一年の一〇月にこの講演を行なったのだろうか。アメリカの雑誌でたまたまダルガス父子のヒース協会のことを知り、イザヤ書三五章一、二章の「荒野とうるほひなき地とは……」の一節に思い当たり、講演の題目に思い至ったのだろうか。けれどもその雑誌は資料を探す過程で入手したのではなかったか。その前に、ダルガス父子について講演をすることが心に決められていたのではないのか。何がきっかけでいきなりヒース協会の話をするつもりになったのか。その経緯を明らかにする資料は見つかっていない。

ここでもう一度本書の本筋に戻し、設問を変えてみよう。

内村は「デンマーク」に関する話を、なぜスコウゴー＝ピーターセンとウィンテルがインタビューに訪れたのと同じ年、しかもウィンテルの小冊子が東京で発行されてから四日後の一〇月二二日に行なったのか。

ふたりのデンマーク人が東京の郊外で内村と行なった対話はすでに紹介してあるが、筆者にはそこには書かれていない事柄についても話題が流れていっていたような気がしてならない。スコウゴー＝ピーターセンの筆が、気のせいかもしれないが、内村の項では遠慮がちになっているように思われるのである。スコウゴー＝ピーターセンもウィンテルもルーテル教会系の牧師で、教会に属する人間である。内村から目の前で「無教会主義」について聞かされ、多少のおどろきはあったようだが、葛藤や抵抗については記載がなく、むしろ理解を示していたようなのである。

内村も、少なくとも彼らがアメリカではなくデンマークの宣教師であり、しかもひとりは聖書学校の校長だったのはわかっていたはずであるが、なんの印象も受けなかったのであろうか。また、後日ウィンテルが内村に書簡を送り、非難の言葉を返信で受け取っていたことを、スコウゴー＝ピーターセンへの手紙の中で明かしていたことはすでに見た。内容は明らかにされていないが、何を非難されたか、わざわざ書き記すまでもなくスコウゴー＝ピーターセンには理解できたことなのではなかったか。さらに、同じ手紙の中でウィンテルは、「内村からの引用はひとつもできない」と書いていた。どんな引用だったにしろ、これもスコウゴー＝ピーターセンには察することができたにちがいない。これら不明の点も含めて、デンマーク人ふたりと内村が東京で会ったその日の話題には、デンマーク語版が出ていた内村の本の話など、ほかにもいろいろあったろうと思われるのである。そのなかにはダルガス父子の話もあったかもしれない。

いずれにしろ、その年の夏、内村鑑三の領域に「デンマーク」が侵入してきた。デンマーク人、アメリカ人の区別もなく外国人宣教師に対して内村は、すでに見たように攻撃的かつ揶揄的な記事を『聖書之研究』一三一、一三二、一三四号で発表していた。一三四号が九月、『デンマルク国の話』が掲載されたのは、一〇月の一三六号であった。

『デンマルク国の話』は、「信仰」が国民を救った話である。国家や教会といったシステムや組織ではなく、個々人の「信仰」と信念が事業を完遂した話なのである。ヒース協会も組織であったが、内村は彼らの、植林という結果が見えるまでには長い時間のかかる事業の成功を夢見て努力していた人びとの「信じる力」に、「信仰」を重ねあわせていたと見るべきであろう。

スコウゴー゠ピーターセンとウィンテルが内村鑑三と一九一一年の夏に東京で出会ったのは偶然であったろう。けれども、その出会いが『デンマルク国の話』を書かせるに至ったと断言することはできないにしろ、内村がすでに自著の翻訳者マリア・ウルフと通信のあったデンマークという国に改めて関心を寄せるきっかけとなり、それが言わば触媒となって講演を思いついたとは言えるのではないだろうか。その段階ではもはや偶然ではなく、量子力学でいう確率の問題であったはずである。いずれなされるべき講演が、一九一一年の一〇月二二日に東京でなされたのであった。

スコウゴー゠ピーターセンとウィンテルが一九一一年に日本で会った「代表的日本人」の

筆頭は、何はともあれ内村鑑三であったようである。少なくともいちばん注目し、気になった存在ではあったろう。

注：ちなみにこの内村の講演は後年になって多分に神話化されており、故意にか無知のゆえか、我田引水の見本のようにさまざまに「解釈」されてきている。詳しくは巻末主要参考文献に挙げた村井誠人氏の論文を参照。

主要参考文献

内村鑑三「日本国の大困難」（『聖書之研究』三五号、一九〇三年）
――『余は如何にして基督信徒となりし乎』（岩波文庫、一九五八年改版、一九三八年初版）
――『後世への最大遺物・デンマルク国の話』（岩波文庫、一九七六年改版、一九四六年初版）
――鈴木俊郎訳『代表的日本人』（岩波文庫、一九四一年）
――稲盛和夫監訳『代表的日本人』（講談社インターナショナル、二〇〇二年）
――岬龍一郎訳『代表的日本人』（ＰＨＰ研究所、二〇〇九年）
――「武士道とキリスト教」一九二八年初出（『内村鑑三』日本の説教　三、日本キリスト教団出版局、二〇〇四年所収）
大久保喬樹『日本文化論の名著入門』（角川選書、二〇〇八年）
賀川豊彦全集刊行会編『賀川豊彦全集』第二〇・二三巻（キリスト新聞社、一九六三年）
金子紫草「故丁抹国王」（『太陽』第四号、一九〇六年、一七七～一八一頁）
神田文人・小林英夫編『決定版二〇世紀年表』（小学館、二〇〇一年）
菅野覚明『武士道の逆襲』（講談社現代新書、二〇〇四年）

『小崎弘道自筆集（35）明治四十三年九月~明治四十四年十月』（同志社大学所蔵）
小森陽一・成田龍一編著『日露戦争スタディーズ』（紀伊国屋書店、二〇〇四年）
坂本勇「内村鑑三の書簡」（『松前文庫』四二号、一九八五年、三〇~三三頁）
「［資料］マリア・ウルフ宛の内村鑑三書簡」（『内村鑑三全集』月報三二、第三三巻、一九八三年五月、九~一二頁）
『新聞集成　明治編年史　明治四十四年』（一九三四年初版、一九六五年再版）
砂川萬里『新島襄・本多庸一　日本の代表的キリスト者（一）』（東海大学出版会、一九六五年）
――『海老名弾正・植村正久　日本の代表的キリスト者（二）』（東海大学出版会、一九六五年）
――『内村鑑三・新渡戸稲造　日本の代表的キリスト者（三）』（東海大学出版会、一九六五年）
『聖書之研究』一三一、一三三、一三四、一三六号
薗田宗恵『米国開教日誌』（法藏館、一九七五年）
長島要一『明治の外国武器商人――帝国海軍を増強したミュンター――』（中公新書、一九九五年、電子版、二〇〇七年）
――『明治の国際人・石井筆子――デンマーク女性ヨハンネ・ミュンターとの交流――』（新評論、二〇一四年）
永田生慈監修解説『北斎漫画』一~三巻（岩崎美術社、一九八六~一九八七年）

鍋谷堯爾『人間ウィンテル』（聖文舎、一九七四年）
新渡戸稲造／矢内原忠雄訳『武士道』（岩波文庫、一九七四年、初版一九三八年）
――奈良本辰也訳『武士道』（三笠書房、一九九三年）
――『英語と日本語で読む「武士道」』（三笠書房、二〇〇九年）
花井等『国際人新渡戸稲造――武士道とキリスト教――』（広池学園出版部、一九九四年）
平田諭治「日露戦争期の〈日本〉イメージ考――岡倉由三郎『ザ・ジャパニーズ・スピリット』をめぐって――」（『歴史科学と教育』一八号、一九九九年一〇月、一～二〇頁）
古屋安雄『日本のキリスト教』（教文館、二〇〇三年）
――『なぜ日本にキリスト教は広まらないのか』（教文館、二〇〇六年）
――『宣教師、招かれざる客か？』（教文館、二〇一一年）
前田英樹『信徒内村鑑三　人と思考の軌跡』（河出書房新社、二〇一一年）
三浦綾子『われ弱ければ――矢嶋楫子伝――』（小学館文庫、一九九八年）
村井誠人「『デンマルク国の話』と我が国のデンマーク像の変遷」（『歴史地理』三三九号、一九八三年一一月所収）
――「祖国復興の英雄？　ダルガスの実像と日本での変容」（百瀬宏、村井誠人編『北欧　読んで旅する世界の歴史と文化』新潮社、一九九六年所収）

柳田友信『日本基督教史』（聖書図書刊行会、一九五九年）
山内六郎「日本福音ルーテル教会　九州における伝道の歩み」（日本福音ルーテル教会九州教区九十年史編集委員会編『日本福音ルーテル教会　九州における伝道の歩み』一九八六年所収）
山本泰次郎『内村鑑三――信仰・生涯・友情――』（東海大学出版会、一九六六年）
山本博文『新渡戸稲造　武士道』（ＮＨＫ「１００分de名著」ブックス、二〇一二年）
歴史学研究会編『日本史年表』（岩波書店、一九七三年、一九六六年初版）

Anderson, Emily: “Tamura Naoomi’s “The Japanese Bride”: Christianity, Nationalism, and Family in Meiji Japan,” *Japanese Journal of Religious Studies,* Vol. 34, No. 1, Christians in Japan (2007), pp. 203–228

Carey, Otis: *A history of Christianity in Japan*, 1909

Howes, John F.: ‘Japanese Christians and American Missionaries.’ IN Jansen, Marius B. (ed): *Changing Japanese Attitudes Toward Modernization*, Charles Tuttle, Tokyo, 1956, pp.337–368

―― *Japan’s Modern Prophet: Uchimura Kanzô, 1861–1930*, University of British Columbia Press, Vancouver, 2005

Kagawa Toyohiko: *Over dødens grænse*. Lohse. København 1925

—— *Et hvedekorn*. Oversat af Frederik E. Pedersen. København 1934

Larsen, Karl: *Japansk Aand*. Gyldendal 1910 (1909)

Murai, Makoto: Dalgas og Søn: Danske helte i Japan. Publiceret i forbindelse med særudstillingen *Den danske Helt i 1000 år*. www.koldinghus.dk

—— Dalgas og Søn: Danske helte i Japan. *Balto-Scandia* vol. 14, July 2004: pp. 69–76

Münter, Balthasar: *Krigen mellem Japan og Rusland*. 1–2. Gyldendal. København 1904–05

Nagashima, Yoichi: *De dansk-japanske kulturelle forbindelser* 1873–1903. Museum Tusculanum. København 2012

Nitobe, Inazô: *Bushido, the Soul of Japan*. 1899

—— *Bushido, Japans Sjæl, En Fremstilling af Japansk Tænkning*. Oversat af Hans Brekke. S. & Jul Sørensen 1905

Okakura, Kakuzo: *The Ideals of the East*. 1903

Rasmussen, Vilhem: *Japan*. Frem. København 1903

Sakurai, T.: *Human Bullets*. 1907

Scheiner, Irwin: *Christian Converts and Social Protest in Meiji Japan*. University of California Press, Berkeley 1970

Skovgaard-Petersen, C.: *Fra Nutidens Japan Personlige Indtryk*. J. Frimodts Forlag, Kjøbenhavn 1911

Stead, Alfred: *Great Japan*. 1906

Stock, Eugene: *The History of the Church Missionary Society, Its Environment, Its Men and Its Work*, vol. 1–3, London: Church Missionary Society. 1899

Uchimura, Kanzô: *Hvorledes jeg blev en Kristen, Udtog af min Dagbog*. Autoriseret oversættelse ved M[aria] Wolff. København 1906

—— *Karakterbilleder fra det gamle Japan*. Det Schønbergske Forlag. København 1907

Winther, J.M.T.: *Present Religious Spirit and Problems*. 教文館、一九一一年

—— *Kagawa De forkuedes Ven – Et Rids af Hans Liv Virke og Tanker*. O. Lohse, København 1925

訳者あとがき

一九一一年の夏、熊本から東京まで、各地で日本の宗教界、教育界をはじめとして各部門で活躍していた「代表的日本人」と面会して対話していったスコウゴー＝ピーターセン。彼が通訳として同行したウィンテルとともに出会った日本の代表的なキリスト者たちは、自らの出自をそれぞれに語っていたが、その多くが武士、サムライの出身であった。新渡戸が『武士道』で語っていた精神が、実際に彼らと話をすることで、スコウゴー＝ピーターセンにも理解できるようになった。誇り高い彼らは、キリスト教を「学んで」人に説く「教師」として機能していた。牧師とは言え、アメリカのプロテスタント伝道の百花繚乱ぶりをそのまま受け継いだ形で、誰々先生のお墨付きのもと自分の開いたそれぞれの小さな「学校」で教鞭を振る先生になっていた。知的で優秀であったから、よく神学を学び、アメリカの宣教師たちの言いなりにならず、日本が近代国家に成長するのと歩調を合わせるように日本独自のキリスト教組織を作り上げていった。ドイツの新神学への傾倒も無教会主義も、その点で根本的には軌を一にしていたのである。

スコウゴー＝ピーターセンの『現代の日本から』は、その様相を断片的にだが映し出し、いや、断片的になって当然の群雄割拠であった日本のキリスト教界の現状を活写していた。そのために、プロテスタンティズムが導入されたおかげで進められるようになった社会の弱者対象の事業も取り上げられている。

日本の武士のキリスト教を、内村鑑三を代表として取り上げて分析したジョン・ハウズ John Howes のような方法論もなく、明治期にキリスト教プロテスタンティズムへ改宗した人々の動きを社会的抗議（プロテスト）と捉えたアーウィン・シャイナー Irwin Sheiner のように概括的に把握する視点も持っていなかったにもかかわらず、スコウゴー＝ピーターセンの書き残したインタビューの記録は、すでに故人となり生涯を終えているキリスト者たちの業績を全体的かつ客観的に俯瞰する形では描写できない、彼らの人生の一日、一九一一年の初夏のある日に、彼らがそれぞれ自らの言葉で生々しく語った肉声の思いを伝えていて、驚くほど新鮮である。

スコウゴー＝ピーターセンとウィンテルが内村鑑三から強い印象を受けていたことはすでに述べたが、もっとも感銘を受けた人物となると、賀川豊彦であった。ウィンテルがスコウ

Om kort Tid udkommer:
TOYOHIKO KAGAWA:
OVER DØDENS GRÆNSE
Aut. Oversættelse ved
F. Friis Berg
Efter Originalens 286de Oplag
Med Forord af
Sognepræst J. M. T. Winther
Pris ca. 4,00
O. LOHSE · KØBENHAVN

デンマーク語版『死線を超えて』出版予告

賀川豊彦の肖像写真

扉

ウィンテル『虐げられた者たちの友、賀川――彼の生涯、活動、思想の素描――』
J.M.T. Winther: *Kagawa De forkuedes Ven – Et Rids af Hans Liv Virke og Tanker.* O. Lohse, København, 1925. より

ゴー゠ピーターセン宛の書簡の中で内村以外に名前を挙げていたのが賀川で、ウィンテルは賀川の日曜学校の写真を送る約束までしていた。

後年のことであるのでここでは詳しく語らないが、賀川豊彦が一九二五年の世界旅行の途中で五月にベルリンからデンマークを訪れた折に、たまたま一九二一年から帰国して牧師活動を行なっていたウィンテルと再会していた。

同じ年に賀川の世界的ベストセラー『死線を越えて』のデンマーク語版（Kagawa Toyohiko: *Over dødens grænse.* Lohse. København, 1925）が英訳から重訳されて出版され、賀川自身、デンマーク各地の国民高

等学校を視察するかたわらに精力的に講演を行なったため、賀川はデンマークでも知名人になっていた。

ちなみにこの年にはウィンテルが『虐げられた者たちの友、賀川――彼の生涯、活動、思想の素描――』*Kagawa De forkuedes Ven - Et Rids af Hans Liv Virke og Tanker* を上梓し、賀川を温かい言葉で紹介していた。

賀川豊彦のデンマーク訪問については、紀行文『雲水遍路』の「デンマークの印象」という項に綴られている（『賀川豊彦全集』第二三巻、キリスト新聞社、一九六三年所収）。

こうして一九二一年の日本での出会いが、奇しくも一九二五年にデンマークでの再会となったわけだが、賀川はデンマークで実践されていたキリスト教信仰に根ざした社会事業に感心し、その理念を日本でも活用しようと決心した。ここに至って、スコウゴー＝ピーターセンの日本訪問が、新しい世代の代表的日本人キリスト者賀川豊彦を仲介にして「ひとつの実」を結ぶことになったのだった。

謝辞

本書の執筆にあたっては、研究助成金を授与してくださったＤＮＰ（大日本印刷株式会社）、出版助成金を贈呈してくださった明治神宮国際神道文化研究所、貴重な各種史資料を提供してくださった同志社大学今出川図書館、大谷大学図書館、龍谷大学大宮図書館、早稲田大学大学史資料センター、ルーテル学院大学図書館、日本福音ルーテル教会、神戸ルーテル神学校、Religionspædagogisk Center などから御助力を賜った。記して感謝申し上げる次第である。

また、出版を快諾してくださった思文閣出版と、懇切周到な編集作業をしてくださった同社の三浦泰保さんにも御礼申し上げる。

夏のエルシノアにて

長島要一

◆訳・編注者略歴◆

長島要一（ながしま・よういち）

1946年生．コペンハーゲン大学博士課程修了（比較文学・日本近現代文学），コペンハーゲン大学DNP特任教授．
著書に『森鷗外――文化の翻訳者』（岩波新書，2005年），『日本・デンマーク文化交流史――1600-1873』（東海大学出版会，2007年），『ニールス・ボーアは日本で何を見たか』（平凡社，2013年）ほか，訳書にエドゥアルド・スエンソン『江戸幕末滞在記』（講談社学術文庫，2003年），『あなたの知らないアンデルセン』（全4巻・「影」「人魚姫」「母親」「雪だるま」，評論社，2004-5年）ほかがある。

デンマーク人牧師《ぼくし》がみた日本《にほん》
――明治《めいじ》の宗教《しゅうきょう》指導者《しどうしゃ》たち――

2016（平成28）年8月20日発行

定価：本体3,700円（税別）

原著者　カール・スコウゴー＝ピーターセン
訳・編注者　長島要一
発行者　田中　大
発行所　株式会社　思文閣出版
〒605-0089 京都市東山区元町355
電話 075-533-6860（代表）

装幀　小林　元
印刷 製本　株式会社 図書印刷 同朋舎

ISBN978-4-7842-1860-8　C1021